BARÊME MILITAIRE

A L'USAGE

DE L'INFANTERIE DE LIGNE ET LÉGÈRE,

ou

COMPTES FAITS.

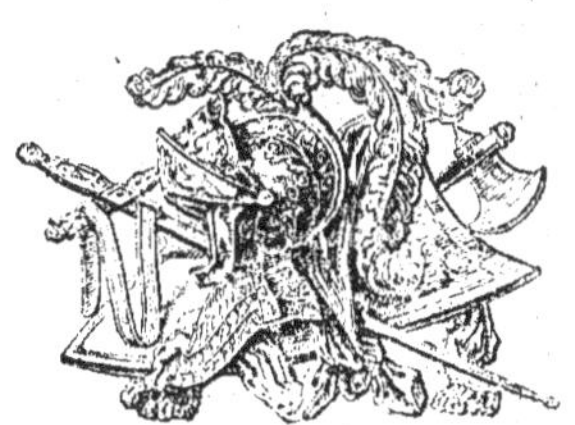

A PARIS,

CHEZ ANSELIN, SUCCESSEUR DE MAGIMEL,

LIBRAIRE POUR L'ART MILITAIRE, RUE DAUPHINE, N° 9.

DE L'IMPRIMERIE DE RIGNOUX, RUE DES FRANCS-BOURGEOIS-S.-MICHEL, N°

1827.

BARÈME MILITAIRE

A L'USAGE

DE L'INFANTERIE DE LIGNE ET LÉGÈRE,

OU

COMPTES FAITS

AU MOYEN DESQUELS ON PEUT ÉTABLIR OU VÉRIFIER AVEC FACILITÉ :

1° Le décompte d'une Feuille d'émargement pour la solde et les accessoires de la solde des officiers pendant un mois;

2° Le décompte d'une Feuille de journées pour la solde et les accessoires de la solde des officiers pendant un trimestre;

3° Le décompte d'une Feuille de journées pour la solde et les hautes-paies journalières des sous-officiers et soldats pendant un trimestre;

4° La Feuille de prêt du petit état-major ou d'une compagnie au grand complet et au-dessous, dans toutes les positions;

5° Le Traitement des membres de l'ordre royal de la Légion-d'Honneur.

AUXQUELS ON A AJOUTÉ :

L'Analyse des Ordonnances et Règlemens qui régissent la haute-paie journalière et la haute-paie à l'avance;

Le Tarif des effets de caserne, ancien et nouveau modèle, etc. etc.

PAR PERRIN,

OFFICIER-PAYEUR AU 2ᵉ RÉGIMENT D'INFANTERIE DE LA GARDE ROYALE.

PARIS.

ANSELIN, SUCCESSEUR DE MAGIMEL,

LIBRAIRE DE LA GARDE ROYALE ET DES TROUPES DE TOUTES ARMES,

RUE DAUPHINE, N° 9.

1827.

N° 1. — SOLDE de présence et d'absence des officiers, avec les supplémens de solde dans Paris, aux colonies et en recrutement.

DÉSIGNATION des GRADES.	NOMBRE DE JOURNÉES.	SOLDE DE PRÉSENCE : sur le pied de guerre, en station sur le pied de paix, ou en marche avec l'indemnité de route.	SOLDE DE PRÉSENCE : en route avec le corps.	SOLDE D'ABSENCE : en congé ou en semestre.	SOLDE D'ABSENCE : à l'hôpital.	SOLDE D'ABSENCE : à l'hôpital étant en semestre.	SUPPLÉM. DE SOLDE : dans Paris.	SUPPLÉM. DE SOLDE : aux colonies.	OBSERVATIONS.
Colonel.	1	13,88.8	18,88.8	6,94.4	10,88.8	3,94.4	2,77.7	Le supplément de solde aux colonies accordé au Colonel est fixé à la moitié en sus du traitement d'Europe. Voir la colonne SOLDE DE CONGÉ.	
	2	27,77.6	37,77.6	13,88.8	21,77.6	7,88.8	5,55.4		
	3	41,66.4	56,66.4	20,83.2	32,66.4	11,83.2	8,33.1		
	4	55,55.2	75,55.2	27,77.6	43,55.2	15,77.6	11,10.8		
	5	69,44.0	94,44.0	34,72.0	54,44.0	19,72.0	13,88.5		
	6	83,32.8	113,32.8	41,66.4	65,32.8	23,66.4	16,66.2		
	7	97,21.6	132,21.6	48,60.8	76,21.6	27,60.8	19,43.9		
	8	111,10.4	151,10.4	55,55.2	87,10.4	31,55.2	22,21.6		
	9	124,99.2	169,99.2	62,49.6	97,99.2	35,49.6	24,99.3		
	10	138,88.0	188,88.0	69,44.0	108,88.0	39,44.0	27,77.0		
	11	152,76.8	207,76.8	76,38.4	119,76.8	43,38.4	30,54.7		
	12	166,65.6	226,65.6	83,32.8	130,65.6	47,32.8	33,32.4		
	13	180,54.4	245,54.4	90,27.2	141,54.4	51,27.2	36,10.1		
	14	194,43.2	264,43.2	97,21.6	152,43.2	55,21.6	38,87.8		
	15	208,32.0	283,32.0	104,16.0	163,32.0	59,16.0	41,65.5		
	16	222,20.8	302,20.8	111,10.4	174,20.8	63,10.4	44,43.2		
	17	236,09.6	321,09.6	118,04.8	185,09.6	67,04.8	47,20.9		
	18	249,98.4	339,98.4	124,99.2	195,98.4	70,99.2	49,98.6		
	19	263,87.2	358,87.2	131,93.6	206,87.2	74,93.6	52,76.3		
	20	277,76.0	377,76.0	138,88.0	217,76.0	78,88.0	55,54.0		
	21	291,64.8	396,64.8	145,82.4	228,64.8	82,82.4	58,31.7		
	22	305,53.6	415,53.6	152,76.8	239,53.6	86,76.8	61,09.4		
	23	319,42.4	434,42.4	159,71.2	250,42.4	90,71.2	63,87.1		
	24	333,31.2	453,31.2	166,65.6	261,31.2	94,65.6	66,64.8		
	25	347,20.0	472,20.0	173,60.0	272,20.0	98,60.0	69,42.5		
	26	361,08.8	491,08.8	180,54.4	283,08.8	102,54.4	72,20.2		
	27	374,97.6	509,97.6	187,48.8	293,97.6	106,48.8	74,97.9		
	28	388,86.4	528,86.4	194,43.2	304,86.4	110,43.2	77,75.6		
	29	402,75.2	547,75.2	201,37.6	315,75.2	114,37.6	80,53.3		
	30	416,66.6	566,66.6	208,33.3	326,66.6	118,33.3	83,31.0		
	90	1250,00.0	–	625,00.0	980,00.0	355,00.0	249,93.0		
Lieuten^t-colonel.	1	11,94.4	16,44.4	5,97.2	8,94.4	2,97.2	2,38.8	Le supplément de solde aux colonies accordé au lieutenant-colonel est fixé à la moitié en sus du traitement d'Europe. Voir la colonne SOLDE DE CONGÉ.	
	2	23,88.8	32,88.8	11,94.4	17,88.8	5,94.4	4,77.6		
	3	35,83.2	49,33.2	17,91.6	26,83.2	8,91.6	7,16.4		
	4	47,77.6	65,77.6	23,88.8	35,77.6	11,88.8	9,55.2		
	5	59,72.0	82,22.0	29,86.0	44,72.0	14,86.0	11,94.0		
	6	71,66.4	98,66.4	35,83.2	53,66.4	17,83.2	14,32.8		
	7	83,60.8	115,10.8	41,80.4	62,60.8	20,80.4	16,71.6		
	8	95,55.2	131,55.2	47,77.6	71,55.2	23,77.6	19,10.4		
	9	107,49.6	147,99.6	53,74.8	80,49.6	26,74.8	21,49.2		
	10	119,44.0	164,44.0	59,72.0	89,44.0	29,72.0	23,88.0		
	11	131,38.4	180,88.4	65,69.2	98,38.4	32,69.2	26,26.8		
	12	143,32.8	197,32.8	71,66.4	107,32.8	35,66.4	28,65.6		
	13	155,27.2	213,77.2	77,63.6	116,27.2	38,63.6	31,04.4		
	14	167,21.6	230,21.6	83,60.8	125,21.6	41,60.8	33,43.2		
	15	179,16.0	246,66.0	89,58.0	134,16.0	44,58.0	35,82.0		
	16	191,10.4	263,10.4	95,55.2	143,10.4	47,55.2	38,20.8		
	17	203,04.8	279,54.8	101,52.4	152,04.8	50,52.4	40,59.6		
	18	214,99.2	295,99.2	107,49.6	160,99.2	53,49.6	42,98.4		
	19	226,93.6	312,43.6	113,46.8	169,93.6	56,46.8	45,37.2		
	20	238,88.0	328,88.0	119,44.0	178,88.0	59,44.0	47,76.0		
	21	250,82.4	345,32.4	125,41.2	187,82.4	62,41.2	50,14.8		
	22	262,76.8	361,76.8	131,38.4	196,76.8	65,38.4	52,53.6		
	23	274,71.2	378,21.2	137,35.6	205,71.2	68,35.6	54,92.4		
	24	286,65.6	394,65.6	143,32.8	214,65.6	71,32.8	57,31.2		
	25	298,60.0	411,10.0	149,30.0	223,60.0	74,30.0	59,70.0		
	26	310,54.4	427,54.4	155,27.2	232,54.4	77,27.2	62,08.8		
	27	322,48.8	443,98.8	161,24.4	241,48.8	80,24.4	64,47.6		
	28	334,43.2	460,43.2	167,21.6	250,43.2	83,21.6	66,86.4		
	29	346,37.6	476,87.6	173,18.8	259,37.6	86,18.8	69,25.2		
	30	358,33.3	493,33.3	179,16.6	268,33.3	89,16.6	71,64.0		
	90	1075,00.0	–	537,50.0	805,00.0	267,50.0	214,92.0		

Suite du n° 1. — SOLDE de présence et d'absence des officiers, a...

DÉSIGNATION des GRADES.	NOMBRE DE JOURNÉES.	SOLDE DE PRÉSENCE — sur le pied de présence, en station sur le pied de paix, soit en marche, avec le traitement de route.	SOLDE DE PRÉSENCE — en route avec le corps.	SOLDE D'ABSENCE — en congé ou en semestre.	SOLDE D'ABSENCE — à l'hôpital.	SOLDE D'ABSENCE — à l'hôpital étant en semestre.	SUPPLÉM. DE SOLDE — dans Paris.	SUPPLÉM. DE SOLDE — aux colonies.	OBSERVATIONS.
Chef de bataillon et Major. . . .	1	10,00	14,00	5,00	7,00	2,00	2,00		Le supplément de solde aux colonies accordé au Chef de bataillon et au Major est fixé à la moitié en sus du traitement d'Europe. Voir la colonne Solde de route.
	2	20,00	28,00	10,00	14,00	4,00	4,00		
	3	30,00	42,00	15,00	21,00	6,00	6,00		
	4	40,00	56,00	20,00	28,00	8,00	8,00		
	5	50,00	70,00	25,00	35,00	10,00	10,00		
	6	60,00	84,00	30,00	42,00	12,00	12,00		
	7	70,00	98,00	35,00	49,00	14,00	14,00		
	8	80,00	112,00	40,00	56,00	16,00	16,00		
	9	90,00	126,00	45,00	63,00	18,00	18,00		
	10	100,00	140,00	50,00	70,00	20,00	20,00		
	11	110,00	154,00	55,00	77,00	22,00	22,00		
	12	120,00	168,00	60,00	84,00	24,00	24,00		
	13	130,00	182,00	65,00	91,00	26,00	26,00		
	14	140,00	196,00	70,00	98,00	28,00	28,00		
	15	150,00	210,00	75,00	105,00	30,00	30,00		
	16	160,00	224,00	80,00	112,00	32,00	32,00		
	17	170,00	238,00	85,00	119,00	34,00	34,00		
	18	180,00	252,00	90,00	126,00	36,00	36,00		
	19	190,00	266,00	95,00	133,00	38,00	38,00		
	20	200,00	280,00	100,00	140,00	40,00	40,00		
	21	210,00	294,00	105,00	147,00	42,00	42,00		
	22	220,00	308,00	110,00	154,00	44,00	44,00		
	23	230,00	322,00	115,00	161,00	46,00	46,00		
	24	240,00	336,00	120,00	168,00	48,00	48,00		
	25	250,00	350,00	125,00	175,00	50,00	50,00		
	26	260,00	364,00	130,00	182,00	52,00	52,00		
	27	270,00	378,00	135,00	189,00	54,00	54,00		
	28	280,00	392,00	140,00	196,00	56,00	56,00		
	29	290,00	406,00	145,00	203,00	58,00	58,00		
	30	300,00	420,00	150,00	210,00	60,00	60,00		
	90	900,00		450,00	630,00	180,00	180,00		

Aumônier. . . .	»	Comme les Capitaines de 2e classe.
Adjudant-major.	»	Comme les Capitaines de 2e classe.
Trésorier.	»	Selon son grade.
Officier d'habill.	»	Selon son grade.

les supplémens de solde dans Paris, aux colonies et en recrutement.

DÉSIGNATION des GRADES.	NOMBRE DE JOURNÉES.	SOLDE DE PRÉSENCE — sur le pied de présence, en station sur le pied de paix, soit en marche, avec le traitement de route.	SOLDE DE PRÉSENCE — en route avec le corps.	SOLDE D'ABSENCE — en congé ou en semestre.	SOLDE D'ABSENCE — à l'hôpital.	SOLDE D'ABSENCE — à l'hôpital étant en semestre.	SUPPLÉM. DE SOLDE — dans Paris.	SUPPLÉM. DE SOLDE — aux colonies.	OBSERVATIONS.
Porte-drapeau sous-lieutenant.	1	3,47.2	5,97.2	1,73.6	1,97.2	0,23.6	1,15.7		Le supplément de solde aux colonies accordé au Porte-drapeau est fixé à une somme égale au traitement d'Europe. Voir la colonne SOLDE DE STATION.
	2	6,94.4	11,94.4	3,47.2	3,94.4	0,47.2	2,31.4		
	3	10,41.6	17,91.6	5,20.8	5,91.6	0,70.8	3,47.1		
	4	13,88.8	23,88.8	6,94.4	7,88.8	0,94.4	4,62.8		
	5	17,36.0	29,86.0	8,68.0	9,80.0	1,18.0	5,78.6		
	6	20,83.2	35,83.2	10,41.6	11,83.2	1,41.6	6,94.2		
	7	24,30.4	41,80.4	12,15.2	13,80.4	1,65.2	8,09.9		
	8	27,77.6	47,77.6	13,88.8	15,77.6	1,88.8	9,25.6		
	9	31,24.8	53,74.8	15,62.4	17,74.8	2,12.4	10,41.3		
	10	34,72.0	59,72.0	17,36.0	19,72.0	2,36.0	11,57.0		
	11	38,19.2	65,69.2	19,09.6	21,69.2	2,59.6	12,72.7		
	12	41,66.4	71,66.4	20,83.2	23,66.4	2,83.2	13,88.4		
	13	45,13.6	77,63.6	22,56.8	25,63.6	3,06.8	15,04.1		
	14	48,60.8	83,60.8	24,30.4	27,60.8	3,30.4	16,19.8		
	15	52,08.0	89,58.0	26,04.0	29,58.0	3,54.0	17,35.5		
	16	55,55.2	95,55.2	27,77.6	31,55.2	3,77.6	18,51.2		
	17	59,02.4	101,52.4	29,51.2	33,52.4	4,01.2	19,66.9		
	18	62,49.6	107,49.6	31,24.8	35,49.6	4,24.8	20,82.6		
	19	65,96.8	113,46.8	32,98.4	37,46.8	4,48.4	21,98.3		
	20	69,44.0	119,44.0	34,72.0	39,44.0	4,72.0	23,14.0		
	21	72,91.2	125,41.2	36,45.6	41,41.2	4,95.6	24,29.7		
	22	76,38.4	131,38.4	38,19.2	43,38.4	5,19.2	25,45.4		
	23	79,85.6	137,35.6	39,92.8	45,35.6	5,42.8	26,61.1		
	24	83,32.8	143,32.8	41,66.4	47,32.8	5,66.4	27,76.8		
	25	86,80.0	149,30.0	43,40.0	49,30.0	5,90.0	28,92.5		
	26	90,27.2	155,27.2	45,13.6	51,27.2	6,13.6	30,08.2		
	27	93,74.4	161,24.4	46,87.2	53,24.4	6,37.2	31,23.9		
	28	97,21.6	167,21.6	48,60.8	55,21.6	6,60.8	32,39.6		
	29	100,68.8	173,18.8	50,34.4	57,18.8	6,84.4	33,55.3		
	30	104,16.0	179,16.0	52,08.3	59,16.0	7,08.3	34,71.0		
	90	312,50.0		156,25.0	177,30.0	21,25.0	104,13.0		

Suite du n° 1. — SOLDE de présence et d'absence des officiers, avec les suppléments de solde dans Paris, aux colonies et en recrutement.

DÉSIGNATION des grades : Capitaine de 1re classe.

Nombre de degrés	Solde de présence — sur le pied de guerre, ... avec l'indemnité de route	Solde de présence — en route avec le corps	Solde d'absence — en congé ou en semestre	Solde d'absence — à l'hôpital	Solde d'absence — à l'hôpital étant en semestre	Supplément de solde — dans Paris	Supplément de solde — aux colonies	Supplément de solde — en recrutement	Observations
1	6,66.6	9,66.6	3,33.3	4,66.6	1,33.3	1,66.6	5,00.0	1,33.3	
2	13,33.2	19,33.2	6,66.6	9,33.2	2,66.6	3,33.2	10,00.0	2,66.6	
3	19,99.8	28,99.8	9,99.9	13,99.8	3,99.9	4,99.8	15,00.0	3,99.9	
4	26,66.4	38,66.4	13,33.2	18,66.4	5,33.2	6,66.4	20,00.0	5,33.2	
5	33,33.0	48,33.0	16,66.5	23,33.0	6,66.5	8,33.0	25,00.0	6,66.5	
6	39,99.6	57,99.6	19,99.8	27,99.6	7,99.8	9,99.6	30,00.0	7,99.8	
7	46,66.2	67,66.2	23,33.1	32,66.2	9,33.1	11,66.2	35,00.0	9,33.1	
8	53,32.8	77,32.8	26,66.4	37,32.8	10,66.4	13,32.8	40,00.0	10,66.4	
9	59,99.4	86,99.4	29,99.7	41,99.4	11,99.7	14,99.4	45,00.0	11,99.7	
10	66,66.0	96,66.0	33,33.0	46,66.0	13,33.0	16,66.0	50,00.0	13,33.0	
11	73,32.6	106,32.6	36,66.3	51,32.6	14,66.3	18,32.6	55,00.0	14,66.3	
12	79,99.2	115,99.2	39,99.6	55,99.2	15,99.6	19,99.2	60,00.0	15,99.6	
13	86,65.8	125,65.8	43,32.9	60,65.8	17,32.9	21,65.8	65,00.0	17,32.9	
14	93,32.4	135,32.4	46,66.2	65,32.4	18,66.2	23,32.4	70,00.0	18,66.2	
15	99,99.0	144,99.0	49,99.5	69,99.0	19,99.5	24,99.0	75,00.0	19,99.5	
16	106,65.6	154,65.6	53,32.8	74,65.6	21,32.8	26,65.6	80,00.0	21,32.8	
17	113,32.2	164,32.2	56,66.1	79,32.2	22,66.1	28,32.2	85,00.0	22,66.1	
18	119,98.8	173,98.8	59,99.4	83,98.8	23,99.4	29,98.8	90,00.0	23,99.4	
19	126,65.4	183,65.4	63,32.7	88,65.4	25,32.7	31,65.4	95,00.0	25,32.7	
20	133,32.0	193,32.0	66,66.0	93,32.0	26,66.0	33,32.0	100,00.0	26,66.0	
21	139,98.6	202,98.6	69,99.3	97,98.6	27,99.3	34,98.6	105,00.0	27,99.3	
22	146,65.2	212,65.2	73,32.6	102,65.2	29,32.6	36,65.2	110,00.0	29,32.6	
23	153,31.8	222,31.8	76,65.9	107,31.8	30,65.9	38,31.8	115,00.0	30,65.9	
24	159,98.4	231,98.4	79,99.2	111,98.4	31,99.2	39,98.4	120,00.0	31,99.2	
25	166,65.0	241,65.0	83,32.5	116,65.0	33,32.5	41,65.0	125,00.0	33,32.5	
26	173,31.6	251,31.6	86,65.8	121,31.6	34,65.8	43,31.6	130,00.0	34,65.8	
27	179,98.2	260,98.2	89,99.1	125,98.2	35,99.1	44,98.2	135,00.0	35,99.1	
28	186,64.8	270,64.8	93,32.4	130,64.8	37,32.4	46,64.8	140,00.0	37,32.4	
29	193,31.4	280,31.4	96,65.7	135,31.4	38,65.7	48,31.4	145,00.0	38,65.7	
30	200,00.0	290,00.0	100,00.0	140,00.0	40,00.0	49,98.0	150,00.0	40,00.0	
90	600,00.0		300,00.0	420,00.0	120,00.0	149,94.0	150,00.0	120,00.0	

DÉSIGNATION des grades : Capitaine de 2e classe.

Nombre de degrés	Solde de présence — sur le pied de guerre, ... avec l'indemnité de route	Solde de présence — en route avec le corps	Solde d'absence — en congé ou en semestre	Solde d'absence — à l'hôpital	Solde d'absence — à l'hôpital étant en semestre	Supplément de solde — dans Paris	Supplément de solde — aux colonies	Supplément de solde — en recrutement	Observations
1	5,55.5	8,55.5	2,77.7	3,55.5	0,77.7	1,38.8	4,16.6	1,11.1	
2	11,11.0	17,11.0	5,55.4	7,11.0	1,55.4	2,77.6	8,33.2	2,22.2	
3	16,66.5	25,66.5	8,33.1	10,66.5	2,33.1	4,16.4	12,49.8	3,33.3	
4	22,22.0	34,22.0	11,10.8	14,22.0	3,10.8	5,55.2	16,66.4	4,44.4	
5	27,77.5	42,77.5	13,88.5	17,77.5	3,88.5	6,94.0	20,83.0	5,55.5	
6	33,33.0	51,33.0	16,66.2	21,33.0	4,66.2	8,32.8	24,99.6	6,66.6	
7	38,88.5	59,88.5	19,43.9	24,88.5	5,43.9	9,71.6	29,16.2	7,77.7	
8	44,44.0	68,44.0	22,21.6	28,44.0	6,21.6	11,10.4	33,32.8	8,88.8	
9	49,99.5	76,99.5	24,99.3	31,99.5	6,99.3	12,49.2	37,49.4	9,99.9	
10	55,55.0	85,55.0	27,77.0	35,55.0	7,77.0	13,88.0	41,66.0	11,11.0	
11	61,10.5	94,10.5	30,54.7	39,10.5	8,54.7	15,26.8	45,82.6	12,22.1	
12	66,66.0	102,66.0	33,32.4	42,66.0	9,32.4	16,65.6	49,99.2	13,33.2	
13	72,21.5	111,21.5	36,10.1	46,21.5	10,10.1	18,04.4	54,15.8	14,44.3	
14	77,77.0	119,77.0	38,87.8	49,77.0	10,87.8	19,43.2	58,32.4	15,55.4	
15	83,32.5	128,32.5	41,65.5	53,32.5	11,65.5	20,82.0	62,49.0	16,66.5	
16	88,88.0	136,88.0	44,43.2	56,88.0	12,43.2	22,20.8	66,65.6	17,77.6	
17	94,43.5	145,43.5	47,20.9	60,43.5	13,20.9	23,59.6	70,82.2	18,88.7	
18	99,99.0	153,99.0	49,98.6	63,99.0	13,98.6	24,98.4	74,98.8	19,99.8	
19	105,54.5	162,54.5	52,76.3	67,54.5	14,76.3	26,37.2	79,15.4	21,10.9	
20	111,10.0	171,10.0	55,54.0	71,10.0	15,54.0	27,76.0	83,32.0	22,22.0	
21	116,65.5	179,65.5	58,31.7	74,65.5	16,31.7	29,14.8	87,48.6	23,33.1	
22	122,21.0	188,21.0	61,09.4	78,21.0	17,09.4	30,53.6	91,65.2	24,44.2	
23	127,76.5	196,76.5	63,87.1	81,76.5	17,87.1	31,92.4	95,81.8	25,55.3	
24	133,32.0	205,32.0	66,64.8	85,32.0	18,64.8	33,31.2	99,98.4	26,66.4	
25	138,87.5	213,87.5	69,42.5	88,87.5	19,42.5	34,70.0	104,15.0	27,77.5	
26	144,43.0	222,43.0	72,20.2	92,43.0	20,20.2	36,08.8	108,31.6	28,88.6	
27	149,98.5	230,98.5	74,97.9	95,98.5	20,97.9	37,47.6	112,48.2	29,99.7	
28	155,54.0	239,54.0	77,75.6	99,54.0	21,75.6	38,86.4	116,64.8	31,10.8	
29	161,09.5	248,09.5	80,53.3	103,09.5	22,53.3	40,25.2	120,81.4	32,21.9	
30	166,66.6	256,06.6	83,33.3	106,86.6	24,33.3	41,65.0	125,00.0	33,33.3	
90	500,00.0		250,00.0	320,00.0	70,00.0	124,94.0	375,00.0	100,00.0	

Suite du N° 1. — SOLDE de présence et d'absence des officiers, avec les supplémens de solde dans Paris, aux colonies et en recrutement.

Lieutenant de 1re classe.

NOMBRE DE JOURNÉES	SOLDE DE PRÉSENCE sur le pied de guerre, ou station sur le pied de paix, ou en marche avec l'indemnité de route.	SOLDE DE PRÉSENCE en route avec le corps.	SOLDE D'ABSENCE en congé ou en semestre.	SOLDE D'ABSENCE à l'hôpital.	SOLDE D'ABSENCE à l'hôpital étant en semestre.	SUPPLÉMENT DE SOLDE dans Paris.	SUPPLÉMENT DE SOLDE en recrutem.	SUPPLÉMENT DE SOLDE aux colonies.
1	4,02.7	6,52.7	2,01.3	2,52.7	0,51.3	1,34.2	0,80.5	
2	8,05.4	13,05.4	4,02.6	5,05.4	1,02.6	2,68.4	1,61.0	
3	12,08.1	19,58.1	6,03.9	7,58.1	1,53.9	4,02.6	2,41.5	
4	16,10.8	26,10.8	8,05.2	10,10.8	2,05.2	5,36.8	3,22.0	
5	20,13.5	32,63.5	10,06.5	12,63.5	2,56.5	6,71.0	4,02.5	
6	24,16.2	39,16.2	12,07.8	15,16.2	3,07.8	8,05.2	4,83.0	
7	28,18.9	45,68.9	14,09.1	17,68.9	3,59.1	9,39.4	5,63.5	
8	32,21.6	52,21.6	16,10.4	20,21.6	4,10.4	10,73.6	6,44.0	
9	36,24.3	58,74.3	18,11.7	22,74.3	4,61.7	12,07.8	7,24.5	
10	40,27.0	65,27.0	20,13.0	25,27.0	5,13.0	13,42.0	8,05.0	
11	44,29.7	71,79.7	22,14.3	27,79.7	5,64.3	14,76.2	8,85.5	
12	48,32.4	78,32.4	24,15.6	30,32.4	6,15.6	16,10.4	9,66.0	
13	52,35.1	84,85.1	26,16.9	32,85.1	6,66.9	17,44.6	10,46.5	
14	56,37.8	91,37.8	28,18.2	35,37.8	7,18.2	18,78.8	11,27.0	
15	60,40.5	97,90.5	30,19.5	37,90.5	7,69.5	20,13.0	12,07.5	
16	64,43.2	104,43.2	32,20.8	40,43.2	8,20.8	21,47.2	12,88.0	
17	68,45.9	110,95.9	34,22.1	42,95.9	8,72.1	22,81.4	13,68.5	
18	72,48.6	117,48.6	36,23.4	45,48.6	9,23.4	24,15.6	14,49.0	
19	76,51.3	124,01.3	38,24.7	48,01.3	9,74.7	25,49.8	15,29.5	
20	80,54.0	130,54.0	40,26.0	50,54.0	10,26.0	26,84.0	16,10.0	
21	84,56.7	137,06.7	42,27.3	53,06.7	10,77.3	28,18.2	16,90.5	
22	88,59.4	143,59.4	44,28.6	55,59.4	11,28.6	29,52.4	17,71.0	
23	92,62.1	150,12.1	46,29.9	58,12.1	11,79.9	30,86.6	18,51.5	
24	96,64.8	156,64.8	48,31.2	60,64.8	12,31.2	32,20.8	19,32.0	
25	100,67.5	163,17.5	50,32.5	63,17.5	12,82.5	33,55.0	20,12.5	
26	104,70.2	169,70.2	52,33.8	65,70.2	13,33.8	34,89.2	20,93.0	
27	108,72.9	176,22.9	54,35.1	68,22.9	13,85.1	36,23.4	21,73.5	
28	112,75.6	182,75.6	56,36.4	70,75.6	14,36.4	37,57.6	22,54.0	
29	116,78.3	189,28.3	58,37.7	73,28.3	14,87.7	38,91.8	23,34.5	
30	120,81.3	195,81.3	60,41.6	75,83.3	15,41.6	40,26.0	24,16.6	
90	362,50.0	*	181,25.0	227,50.0	46,25.0	120,78.0	72,50.0	

OBSERVATIONS. — Le supplément de solde aux colonies accordé au Lieutenant de 1re classe est fixé à une somme égale au traitement d'Europe. Voir la colonne Solde de présence, sur le pied de guerre, en station, etc.

Lieutenant de 2e classe.

NOMBRE DE JOURNÉES	SOLDE DE PRÉSENCE sur le pied de guerre, ou station sur le pied de paix, ou en marche avec l'indemnité de route.	SOLDE DE PRÉSENCE en route avec le corps.	SOLDE D'ABSENCE en congé ou en semestre.	SOLDE D'ABSENCE à l'hôpital.	SOLDE D'ABSENCE à l'hôpital étant en semestre.	SUPPLÉMENT DE SOLDE dans Paris.	SUPPLÉMENT DE SOLDE en recrutem.	SUPPLÉMENT DE SOLDE aux colonies.
1	3,61.1	6,11.1	1,80.5	2,11.1	0,30.5	1,20.3	0,72.2	
2	7,22.2	12,22.2	3,61.0	4,22.2	0,61.0	2,40.6	1,14.4	
3	10,83.3	18,33.3	5,41.5	6,33.3	0,91.5	3,60.9	2,16.6	
4	14,44.4	24,44.4	7,22.0	8,44.4	1,22.0	4,81.2	2,68.8	
5	18,05.5	30,55.5	9,02.5	10,55.5	1,52.5	6,01.5	3,61.0	
6	21,66.6	36,66.6	10,83.0	12,66.6	1,83.0	7,21.8	4,33.2	
7	25,27.7	42,77.7	12,63.5	14,77.7	2,13.5	8,42.1	5,05.4	
8	28,88.8	48,88.8	14,44.0	16,88.8	2,44.0	9,62.4	5,77.6	
9	32,49.9	54,99.9	16,24.5	18,99.9	2,74.5	10,82.7	6,49.8	
10	36,11.0	61,11.0	18,05.0	21,11.0	3,05.0	12,03.0	7,22.0	
11	39,72.1	67,22.1	19,85.5	23,22.1	3,35.5	13,23.3	7,94.2	
12	43,33.2	73,33.2	21,66.0	25,33.2	3,66.0	14,43.6	8,66.4	
13	46,94.3	79,44.3	23,46.5	27,44.3	3,96.5	15,63.9	9,38.6	
14	50,55.4	85,55.4	25,27.0	29,55.4	4,27.0	16,84.2	10,10.8	
15	54,16.5	91,66.5	27,07.5	31,66.5	4,57.5	18,04.5	10,83.0	
16	57,77.6	97,77.6	28,88.0	33,77.6	4,88.0	19,24.8	11,55.2	
17	61,38.7	103,88.7	30,68.5	35,88.7	5,18.5	20,45.1	12,27.4	
18	64,99.8	109,99.8	32,49.0	37,99.8	5,49.0	21,65.4	12,99.6	
19	68,60.9	116,10.9	34,29.5	40,10.9	5,79.5	22,85.7	13,71.8	
20	72,22.0	122,22.0	36,10.0	42,22.0	6,10.0	24,06.0	14,44.0	
21	75,83.1	128,33.1	37,90.5	44,33.1	6,40.5	25,26.3	15,16.2	
22	79,44.2	134,44.2	39,71.0	46,44.2	6,71.0	26,46.6	15,88.4	
23	83,05.3	140,55.3	41,51.5	48,55.3	7,01.5	27,66.9	16,60.6	
24	86,66.4	146,66.4	43,32.0	50,66.4	7,32.0	28,87.2	17,32.8	
25	90,27.5	152,77.5	45,12.5	52,77.5	7,62.5	30,07.5	18,05.0	
26	93,88.6	158,88.6	46,93.0	54,88.6	7,93.0	31,27.8	18,77.2	
27	97,49.7	164,99.7	48,73.5	56,99.7	8,23.5	32,48.1	19,49.4	
28	101,10.8	171,10.8	50,54.0	59,10.8	8,54.0	33,68.4	20,21.6	
29	104,71.9	177,21.9	52,34.5	61,21.9	8,84.5	34,88.7	20,93.8	
30	108,33.3	183,33.3	54,16.6	63,33.3	9,16.6	36,09.0	21,66.6	
90	325,00.0	*	162,50.0	190,00.0	27,50.0	108,27.0	65,00.0	

OBSERVATIONS. — Le supplément de solde aux colonies accordé au Lieutenant de 2e classe est fixé à une somme égale au traitement d'Europe. Voir la colonne Solde de présence, sur le pied de guerre, en station, etc.

Suite du n° 1. — SOLDE de présence et d'absence des officiers, avec les supplémens de solde, etc.

DÉSIGNATION des GRADES	NOMBRE DE JOURNÉES	SOLDE DE PRÉSENCE — sur le pied de guerre, en station sur le pied de paix, ou en marche avec l'indemnité de route.	SOLDE DE PRÉSENCE — en route avec le corps.	SOLDE D'ABSENCE — en congé ou en semestre.	SOLDE D'ABSENCE — à l'hôpital.	SOLDE D'ABSENCE — à l'hôpital étant en semestre.	SUPPLÉMENT DE SOLDE — dans Paris.	SUPPLÉMENT DE SOLDE — en recrutem.	SUPPLÉMENT DE SOLDE — aux colonies.	OBSERVATIONS.
	1	3,33.3	5,83.3	1,66.6	2,08.3	0,41.6	1,11.1	0,66.6		Le supplément de solde aux colonies accordé au Sous-Lieutenant est fixé à une somme égale au traitement d'Europe. *Voir* la colonne SOLDE DE PRÉSENCE, sur le pied de guerre, en station, etc.
	2	6,66.6	11,66.6	3,33.2	4,16.6	0,83.2	2,22.2	1,33.2		
	3	9,99.9	17,49.9	4,99.8	6,24.9	1,24.8	3,33.3	1,99.8		
	4	13,33.2	23,33.2	6,66.4	8,33.2	1,66.4	4,44.4	2,66.4		
	5	16,66.5	29,16.5	8,33.0	10,41.5	2,08.0	5,55.5	3,33.0		
	6	19,99.8	34,99.8	9,99.6	12,49.8	2,49.6	6,66.6	3,99.6		
	7	23,33.1	40,83.1	11,66.2	14,58.1	2,91.2	7,77.7	4,66.2		
	8	26,66.4	46,66.4	13,32.8	16,66.4	3,32.8	8,88.8	5,32.8		
	9	29,99.7	52,49.7	14,99.4	18,74.7	3,74.4	9,99.9	5,99.4		
	10	33,33.0	58,33.0	16,66.0	20,83.0	4,16.0	11,11.0	6,66.0		
	11	36,66.3	64,16.3	18,32.6	22,91.3	4,57.6	12,22.1	7,32.6		
	12	39,99.6	69,99.6	19,99.2	24,99.6	4,99.2	13,33.2	7,99.2		
	13	43,32.9	75,82.9	21,65.8	27,07.9	5,40.8	14,44.3	8,65.8		
	14	46,66.2	81,66.2	23,32.4	29,16.2	5,82.4	15,55.4	9,32.4		
	15	49,99.5	87,49.5	24,99.0	31,24.5	6,24.0	16,66.5	9,99.0		
Sous-Lieutenant.	16	53,32.8	93,32.8	26,65.6	33,32.8	6,65.6	17,77.6	10,65.6		
	17	56,66.1	99,16.1	28,32.2	35,41.1	7,07.2	18,88.7	11,32.2		
	18	59,99.4	104,99.4	29,98.8	37,49.4	7,48.8	19,99.8	11,98.8		
	19	63,32.7	110,82.7	31,65.4	39,57.7	7,90.4	21,10.9	12,65.4		
	20	66,66.0	116,66.0	33,32.0	41,66.0	8,32.0	22,22.0	13,32.0		
	21	69,99.3	122,49.3	34,98.6	43,74.3	8,73.6	23,33.1	13,98.6		
	22	73,32.6	128,32.6	36,65.2	45,82.6	9,15.2	24,44.2	14,65.2		
	23	76,65.9	134,15.9	38,31.8	47,90.9	9,56.8	25,55.3	15,31.8		
	24	79,99.2	139,99.2	39,98.4	49,99.2	9,98.4	26,66.4	15,98.4		
	25	83,32.5	145,82.5	41,65.0	52,07.5	10,40.0	27,77.5	16,65.0		
	26	86,65.8	151,65.8	43,31.6	54,15.8	10,81.6	28,88.6	17,31.6		
	27	89,99.1	157,49.1	44,98.2	56,24.1	11,23.2	29,99.7	17,98.2		
	28	93,32.4	163,32.4	46,64.8	58,32.4	11,64.8	31,19.8	18,64.8		
	29	96,65.7	169,15.7	48,31.4	60,40.7	12,06.4	32,21.9	19,31.4		
	30	100,00.0	175,00.0	50,00.0	62,50.0	12,50.0	33,33.0	20,00.0		
	90	300,00.0	»	150,00.0	187,50.0	37,50.0	99,99.0	60,00.0		

N° 2. — OBSERVATIONS DIVERSES.

Indemnité de représentation aux colonels d'infanterie.	Par an...............	1800	fr.
	Par mois...........	150	
	Par jour...........	5	

Nota. Cette indemnité, passible de la retenue de 2 pour cent pour les invalides, comme la solde, est allouée aux colonels lorsqu'ils commandent une portion quelconque du corps.

En l'absence du colonel, l'indemnité de représentation est due au lieutenant-colonel, qui commande une portion quelconque du corps.

En l'absence simultanée du colonel et du lieutenant-colonel, l'indemnité n'est due à personne.

Aux colonies, cette indemnité est payée aux commandans des corps, sur le pied du double de la somme allouée en France.

––––––

Les officiers employés au recrutement ont droit au supplément du cinquième en sus de leur solde.

On n'a pas cru devoir établir le décompte de ce supplément pour les officiers supérieurs et pour le porte-drapeau, les officiers de ces grades ne paraissant susceptibles de jouir de cette allocation que dans des cas extrêmement rares.

––––––

La solde de captivité est semblable à celle de semestre, avec cette différence cependant que la solde de captivité est calculée sur le pied de la dernière classe de leurs grades, pour les capitaines, lieutenans, adjudans-majors, trésoriers et officiers d'habillement.

Le porte-drapeau reçoit 1 fr. 52.7 par jour.

––––––

Les journées de solde et d'indemnité de logement et d'ameublement, depuis 1 jusqu'à 29 inclusivement, ont été multipliées par la 360ᵉ partie de la fixation annuelle, dans chacune des positions où l'officier peut se trouver.

Pour 30 journées, on a ~~multiplié par cette fraction~~ *pris* le douzième de la même fixation.

Pour 90 journées, on a pris le quart de la fixation annuelle.

Nº 3. — INDEMNITÉS DE LOGEMENT ET D'AMEUBLEMENT.

Nbre de journées	COLONEL				LIEUTENANT-COLONEL				CHEF DE BATAILLON ET MAJOR				TRÉSORIER				CAPITAINE, ADJUDANT-MAJOR, AUMÔNIER ET CHIRURGIEN-MAJOR				LIEUTENANT, SOUS-LIEUTENANT ET CHIRURGIEN-AIDE-MAJOR				OBSERVATIONS
	LOGEMENT		AMEUBLEMENT		LOGEMENT		AMEUBLEMENT		LOGEMENT		AMEUBLEMENT		LOGEMENT		AMEUBLEMENT		LOGEMENT		AMEUBLEMENT		LOGEMENT		AMEUBLEMENT		
	dans Paris	hors Paris	dans Paris	hors Paris	dans Paris	hors Paris	dans Paris	hors Paris	dans Paris	hors Paris	dans Paris	hors Paris	dans Paris	hors Paris	dans Paris	hors Paris	dans Paris	hors Paris	dans Paris	hors Paris	dans Paris	hors Paris	dans Paris	hors Paris	
1	2,50	1,66.6	0,83.3	0,55.5	2,25	1,50	0,75	0,50	2,00	1,33.3	0,66.6	0,44.4	1,80	1,20	0,90	0,60	0,90	0,60	0,45	0,30	0,60	0,40	0,30	0,20	
2	5,00	3,33.2	1,66.6	1,11.0	4,50	3,00	1,50	1,00	4,00	2,66.6	1,33.2	0,88.8	3,60	2,40	1,80	1,20	1,80	1,20	0,90	0,60	1,20	0,80	0,60	0,40	
3	7,50	4,99.8	2,49.9	1,66.5	6,75	4,50	2,25	1,50	6,00	3,99.9	1,99.8	1,33.2	5,40	3,60	2,70	1,80	2,70	1,80	1,35	0,90	1,80	1,20	0,90	0,60	
4	10,00	6,66.4	3,33.2	2,22.0	9,00	6,00	3,00	2,00	8,00	5,33.2	2,66.4	1,77.6	7,20	4,80	3,60	2,40	3,60	2,40	1,80	1,20	2,10	1,60	1,20	0,80	
5	12,50	8,33.0	4,16.5	2,77.5	11,25	7,50	3,75	2,50	10,00	6,66.5	3,33.0	2,22.0	9,00	6,00	4,50	3,00	4,50	3,00	2,25	1,50	3,00	2,00	1,50	1,00	
6	15,00	9,99.6	4,99.8	3,33.0	13,50	9,00	4,50	3,00	12,00	7,99.8	3,99.6	2,66.4	10,80	7,20	5,40	3,60	5,40	3,60	2,70	1,80	3,60	2,40	1,80	1,20	
7	17,50	11,66.2	5,83.1	3,88.5	15,75	10,50	5,25	3,50	14,00	9,33.1	4,66.2	3,10.8	12,60	8,40	6,30	4,20	6,30	4,20	3,15	2,10	4,20	2,80	2,10	1,40	
8	20,00	13,32.8	6,66.4	4,44.0	18,00	12,00	6,00	4,00	16,00	10,66.4	5,32.8	3,55.2	14,40	9,60	7,20	4,80	7,20	4,80	3,60	2,40	4,80	3,20	2,40	1,60	
9	22,50	14,99.4	7,49.7	4,99.5	20,25	13,50	6,75	4,50	18,00	11,99.7	5,99.4	3,99.6	16,20	10,80	8,10	5,40	8,10	5,40	4,05	2,70	5,40	3,60	2,70	1,80	
10	25,00	16,66.0	8,33.0	5,55.0	22,50	15,00	7,50	5,00	20,00	13,33.0	6,66.0	4,44.0	18,00	12,00	9,00	6,00	9,00	6,00	4,50	3,00	6,00	4,00	3,00	2,00	
11	27,50	18,32.6	9,16.3	6,10.5	24,75	16,50	8,25	5,50	22,00	14,66.3	7,32.6	4,88.4	19,80	13,20	9,90	6,60	9,90	6,60	4,95	3,30	6,60	4,40	3,30	2,20	
12	30,00	19,99.2	9,99.6	6,66.0	27,00	18,00	9,00	6,00	24,00	15,99.6	7,99.2	5,32.8	21,60	14,40	10,80	7,20	10,80	7,20	5,40	3,60	7,20	4,80	3,60	2,40	
13	32,50	21,65.8	10,82.9	7,21.5	29,25	19,50	9,75	6,50	26,00	17,32.9	8,65.8	5,77.2	23,40	15,60	11,70	7,80	11,70	7,80	5,85	3,90	7,80	5,20	3,90	2,60	
14	35,00	23,32.4	11,66.2	7,77.0	31,50	21,00	10,50	7,00	28,00	18,66.2	9,32.4	6,21.6	25,20	16,80	12,60	8,40	12,60	8,40	6,30	4,20	8,40	5,60	4,20	2,80	
15	37,50	24,99.0	12,49.5	8,32.5	33,75	22,50	11,25	7,50	30,00	19,99.5	9,99.0	6,66.0	27,00	18,00	13,50	9,00	13,50	9,00	6,75	4,50	9,00	6,00	4,50	3,00	
16	40,00	26,65.6	13,32.8	8,88.0	36,00	24,00	12,00	8,00	32,00	21,32.8	10,65.6	7,10.4	28,80	19,20	14,40	9,60	14,40	9,60	7,20	4,80	9,60	6,40	4,80	3,20	
17	42,50	28,32.2	14,16.1	9,43.5	38,25	25,50	12,75	8,50	34,00	22,66.1	11,32.2	7,54.8	30,60	20,40	15,30	10,20	15,30	10,20	7,65	5,10	10,80	6,80	5,10	3,40	
18	45,00	29,98.8	14,99.4	9,99.0	40,50	27,00	13,50	9,00	36,00	23,99.4	11,98.8	7,99.2	32,40	21,60	16,20	10,80	16,20	10,80	8,10	5,40	10,80	7,20	5,40	3,60	
19	47,50	31,65.4	15,82.7	10,54.5	42,75	28,50	14,25	9,50	38,00	25,32.7	12,65.4	8,43.6	34,20	22,80	17,10	11,40	17,10	11,40	8,55	5,70	11,40	7,60	5,70	3,80	
20	50,00	33,32.0	16,66.0	11,10.0	45,00	30,00	15,00	10,00	40,00	26,66.0	13,32.0	8,88.0	36,00	24,00	18,00	12,00	18,00	12,00	9,00	6,00	12,00	8,00	6,00	4,00	
21	52,50	34,98.6	17,49.3	11,65.5	47,25	31,50	15,75	10,50	42,00	27,99.3	13,98.6	9,32.4	37,80	25,20	18,90	12,60	18,90	12,60	9,45	6,30	12,60	8,40	6,30	4,20	
22	55,00	36,65.2	18,32.6	12,21.0	49,50	33,00	16,50	11,00	44,00	29,32.6	14,65.2	9,76.8	39,60	26,40	19,80	13,20	19,80	13,20	9,90	6,60	13,20	8,80	6,60	4,40	
23	57,50	38,31.8	19,15.9	12,76.5	51,75	34,50	17,25	11,50	46,00	30,65.9	15,31.8	10,21.2	41,40	27,60	20,70	13,80	20,70	13,80	10,35	6,90	13,80	9,20	6,90	4,60	
24	60,00	39,98.4	19,99.2	13,32.0	54,00	36,00	18,00	12,00	48,00	31,99.2	15,98.4	10,65.6	43,20	28,80	21,60	14,40	21,60	14,40	10,80	7,20	14,40	9,60	7,20	4,80	
25	62,50	41,65.0	20,82.5	13,87.5	56,25	37,50	18,75	12,50	50,00	33,32.5	16,65.0	11,10.0	45,00	30,00	22,50	15,00	22,50	15,00	11,25	7,50	15,00	10,00	7,50	5,00	
26	65,00	43,31.6	21,65.8	14,43.0	58,50	39,00	19,50	13,00	52,00	34,65.8	17,31.6	11,54.4	46,80	31,20	23,40	15,60	23,40	15,60	11,70	7,80	15,60	10,40	7,80	5,20	
27	67,50	44,98.2	22,49.1	14,98.5	60,75	40,50	20,25	13,50	54,00	35,99.1	17,98.2	11,98.8	48,60	32,40	24,30	16,20	24,30	16,20	12,15	8,10	16,20	10,80	8,10	5,40	
28	70,00	46,64.8	23,32.4	15,54.0	63,00	42,00	21,00	14,00	56,00	37,32.4	18,64.8	12,43.2	50,40	33,60	25,20	16,80	25,20	16,80	12,60	8,40	16,80	11,20	8,40	5,60	
29	72,50	48,31.4	24,15.7	16,09.5	65,25	43,50	21,75	14,50	58,00	38,65.7	19,31.4	12,87.6	52,20	34,80	26,10	17,40	26,10	17,40	13,05	8,70	17,40	11,60	8,70	5,80	
30	75,00	50,00.0	25,00.0	16,66.6	67,50	45,00	22,50	15,00	60,00	40,00.0	20,00.0	13,33.3	54,00	36,00	27,00	18,00	27,00	18,00	13,50	9,00	18,00	12,00	9,00	6,00	
90	225,00	150,00.0	75,00.0	50,00.0	202,50	135,00	67,50	45,00	180,00	120,00.0	60,00.0	40,00.0	162,00	108,00	81,00	54,00	81,00	54,00	40,50	27,00	54,00	36,00	27,00	18,00	

L'officier d'habillement a droit, pour l'emplacement de ses bureaux, à une indemnité de 9 fr. par mois, à ajouter à celle qui lui est attribuée à raison de son grade.

Aux colonies, l'indemnité de logement et celle d'ameublement, selon le cas, sont fixées, pour chaque grade, au double de la somme qui lui est attribuée, par les tarifs, en France, hors Paris.

N° 4. — SUPPLÉMENS à la solde de route pour les distances d'étapes parcourues en un jour en sus de la première et pour indemnité représentative du cheval de selle.

DÉSIGNATION DES GRADES.	SUPPLÉMENS A LA SOLDE DE ROUTE		OBSERVATIONS.
	pour les distances d'étapes parcourues en un jour en sus de la première. — Par distance.	pour indemnité représentative du cheval de selle. — Par jour de marche.	
Colonel.	2,00	» »	*Nota.* L'indemnité représentative du cheval de selle est également due aux officiers âgés de moins de cinquante ans, voyageant avec ou sans le régiment, pourvu qu'ils justifient, 1° par certificat des officiers de santé qu'ils sont dans l'impossibilité de faire la route à pied; 2° par certificat du conseil d'administration, que cette impossibilité est une suite des événemens de la guerre.
Lieutenant-colonel..	1,80	» »	
Chef de bataillon et Major.	1,60	» »	
Capitaine, Aumônier, Adjudant-major, Chirurgien-major. .	1,20	» »	
Lieutenant, Sous-lieutenant, Trésorier, Porte-drapeau, Chirurgien-aide et Sous-aide.	1,00	» »	
Capitaines, Lieutenans et Sous-lieutenans de troupes à pied ayant plus de cinquante ans d'âge.	» »	4,50	

N° 5. — TARIF de l'indemnité représentative des fourrages.

DÉSIGNATION DES GRADES.	NOMBRE de rations attribué à chaque grade par jour.	FIXATION de l'indemnité, par jour à raison d'un franc par ration.	OBSERVATIONS.
Colonel.	2	2 f.	*Nota.* Les officiers à qui le tarif attribue l'indemnité représentative des fourrages en jouissent dans toutes les positions qui leur donnent droit à une solde quelconque d'activité. Elle leur est due même pendant la durée des congés sans solde et des prolongations de congé. Cette indemnité doit être décomptée d'après le nombre effectif de jours dont se compose le mois. L'indemnité dont il s'agit n'est point due dans les armées ou les rassemblemens mis sur le pied de guerre, à moins d'une autorisation spéciale du ministre de la guerre.
Lieutenant-colonel.			
Chef de bataillon, Major et Aumônier. . .	1	1 f.	

Nº 6. — TARIF des gratifications d'entrée en campagne, des indemnités pour perte de chevaux et d'effets, et des frais de poste.

DÉSIGNATION des GRADES.	Gratification d'entrée en campagne. — Fixation pour chaque grade.	MONTANT DE L'INDEMNITÉ À ALLOUER		aux militaires non prisonniers de guerre pour chaque cheval tué par l'ennemi.	FRAIS DE POSTE. — Allocation pour chaque grade par poste.	OBSERVATIONS.
		AUX MILITAIRES prisonniers de guerre				
		pour perte d'effets.	pour perte de chevaux.			
Colonel.	1200 f.	800 f.	800 f.	450 f.	6 f. »	*Nota.* Les officiers inférieurs et employés militaires du grade de capitaine et au-dessous, ne recevront la somme de 4 fr. 50 c. par poste qu'autant qu'ils auront reçu l'ordre exprès de voyager à franc-étrier; autrement ils n'auront droit qu'à 2 fr. par poste.
Lieutenant-colonel..	1000	700	800	450	6 »	
Chef de bataillon et Major. .	900	600	400	450	6 »	
Capitaine.	600	400	»	»	4,50	
Lieutenant et Sous-lieutenant.	400	300	»	»	4,50	
Chirurgien-major.	900	600	300	300	4,50	
Chirurgien aide-major. . . .	600	400	300	300	4,50	
Chirurgien sous-aide-major. .	400	300	300	300	4,50	

Nº 7. — TARIF de la gratification de première mise d'équipement aux sous-officiers promus officiers après quatre ans de service effectif et consécutif.

ARME.	FIXATION de la GRATIFICATION.	SUPPLÉMENT aux COLONIES.	OBSERVATIONS.
Infanterie de ligne.	550 f.	275 f.	

N° 8. — SOLDE de présence et d'absence des sous-officiers et soldats, calculée intégralement et sous la déduction de la masse de linge et chaussure, avec les supplémens de solde dans Paris et en recrute...

1° Solde de présence et d'absence calculée intégralement

DESIGNATION des GRADES.	NOMBRE DE JOURNÉES	avec les vivres de campagne, ou voyageant isolément	en station hors Paris	en station dans Paris	en marche avec le pain	en congé ou en semestre	à l'hôpital	à l'hôpital étant en semestre
Adjudans-sous-officiers.	1	1,60	1,75	2,29	2,60	0,80	0,53.3	0,26.6
	2	3,20	3,50	4,58	5,20	1,60	1,06.6	0,53.2
	3	4,80	5,25	6,87	7,80	2,40	1,59.9	0,79.8
	4	6,40	7,00	9,16	10,40	3,20	2,13.2	1,06.4
	5	8,00	8,75	11,45	13,00	4,00	2,66.5	1,33.0
	6	9,60	10,50	13,74	15,60	4,80	3,19.8	1,59.6
	7	11,20	12,25	16,03	18,20	5,60	3,73.1	1,86.2
	8	12,80	14,00	18,32	20,80	6,40	4,26.4	2,12.8
	9	14,40	15,75	20,61	23,40	7,20	4,79.7	2,39.4
	10	16,00	17,50	22,90	26,00	8,00	5,33.0	2,66.0
	180	288,00	315,00	412,20	»	»	»	»
	182	291,20	318,50	416,78	»	»	»	»
	184	294,40	322,00	421,36	»	»	»	»
	270	432,00	472,50	618,30	»	»	»	»
	273	436,80	477,75	625,17	»	»	»	»
	276	441,60	483,00	632,04	»	»	»	»
Caporaux-tambours.	1	0,55	0,70	0,82.5	0,80	0,22.5	0,20	0,10
	2	1,10	1,40	1,65.0	1,60	0,45.0	0,40	0,20
	3	1,65	2,10	2,47.5	2,40	0,67.5	0,60	0,30
	4	2,20	2,80	3,30.0	3,20	0,90.0	0,80	0,40
	5	2,75	3,50	4,12.5	4,00	1,12.5	1,00	0,50
	6	3,30	4,20	4,95.0	4,80	1,35.0	1,20	0,60
	7	3,85	4,90	5,77.5	5,60	1,57.5	1,40	0,70
	8	4,40	5,60	6,60.0	6,40	1,80.0	1,60	0,80
	9	4,95	6,30	7,42.5	7,20	2,02.5	1,80	0,90
	10	5,50	7,00	8,25.0	8,00	2,25.0	2,00	1,00
	180	99,00	126,00	148,50.0	»	»	»	»
	182	100,10	127,40	150,15.0	»	»	»	»
	184	101,20	128,80	151,80.0	»	»	»	»
	270	148,50	189,00	222,75.0	»	»	»	»
	273	150,15	191,10	225,22.5	»	»	»	»
	276	151,80	193,20	227,70.0	»	»	»	»

2° Solde de présence et d'absence calculée sous la déduction de la portion affectée à la masse de linge et chaussure. — **SUPPLÉM. DE SOLDE** — **OBSERVATIONS.**

DESIGNATION des GRADES.	NOMBRE DE JOURNÉES	avec les vivres de campagne, ou voyageant isolément	en station hors Paris	en station dans Paris	en marche avec le pain	en congé ou en semestre	à l'hôpital	SUPPLÉM. dans Paris	SUPPLÉM. aux militaires employés au recrutement	OBSERVATIONS.
Adjudans-sous-officiers.	1	»	»	»	»	»	»	0,54	»	Les Adjudans ne subissent aucune retenue pour la masse de linge et chaussure.
	2	»	»	»	»	»	»	1,08	»	
	3	»	»	»	»	»	»	1,62	»	
	4	»	»	»	»	»	»	2,16	»	
	5	»	»	»	»	»	»	2,70	»	
	6	»	»	»	»	»	»	3,24	»	
	7	»	»	»	»	»	»	3,78	»	
	8	»	»	»	»	»	»	4,32	»	
	9	»	»	»	»	»	»	4,86	»	
	10	»	»	»	»	»	»	5,40	»	
	180	»	»	»	»	»	»	97,20	»	
	182	»	»	»	»	»	»	98,28	»	
	184	»	»	»	»	»	»	99,36	»	
	270	»	»	»	»	»	»	145,80	»	
	273	»	»	»	»	»	»	147,42	»	
	276	»	»	»	»	»	»	149,04	»	
Caporaux-tambours.	1	0,45	0,60	0,72.5	0,70	0,12.5	0,10	0,12.5	»	
	2	0,90	1,20	1,45.0	1,40	0,25.0	0,20	0,25.0	»	
	3	1,35	1,80	2,17.5	2,10	0,37.5	0,30	0,37.5	»	
	4	1,80	2,40	2,90.0	2,80	0,50.0	0,40	0,50.0	»	
	5	2,25	3,00	3,62.5	3,50	0,62.5	0,50	0,62.5	»	
	6	2,70	3,60	4,35.0	4,20	0,75.0	0,60	0,75.0	»	
	7	3,15	4,20	5,07.5	4,90	0,87.5	0,70	0,87.5	»	
	8	3,60	4,80	5,80.0	5,60	1,00.0	0,80	1,00.0	»	
	9	4,05	5,40	6,52.5	6,30	1,12.5	0,90	1,12.5	»	
	10	4,50	6,00	7,25.0	7,00	1,25.0	1,00	1,25.0	»	
	180	»	»	»	»	»	»	22,50.0	»	
	182	»	»	»	»	»	»	22,75.0	»	
	184	»	»	»	»	»	»	23,00.0	»	
	270	»	»	»	»	»	»	33,75.0	»	
	273	»	»	»	»	»	»	34,12.5	»	
	276	»	»	»	»	»	»	34,50.0	»	

Suite du n° 8. — SOLDE de présence et d'absence des sous-officiers et soldats, calculée intégralement — et sous la déduction de la masse de linge et chaussure, avec les supplémens de solde dans Paris, etc.

DÉSIGNATION des GRADES.	Nombre de journées.	1° avec les vivres de campagne, ou voyageant isolément.	en station hors Paris.	en station dans Paris.	en marche avec le pain.	en congé ou en semestre.	à l'hôpital.	à l'hôpital étant en semestre.	2° avec les vivres de campagne, ou voyageant isolément.	en station hors Paris.	en station dans Paris.	en marche avec le pain.	en congé ou en semestre.	SUPPLÉM. dans Paris.	SUPPLÉM. aux militaires employés au recrutement.	OBSERVATIONS.
Musiciens	1	0,55	0,70	0,87.5	0,80	0,27.5	0,10	0,10	0,45	0,60	0,77.5	0,70	0,17.5	0,17.5		
	2	1,10	1,40	1,75.0	1,60	0,55.0	0,20	0,20	0,90	1,20	1,55.0	1,40	0,35.0	0,35.0		
	3	1,65	2,10	2,62.5	2,40	0,82.5	0,30	0,30	1,35	1,80	2,32.5	2,10	0,52.5	0,52.5		
	4	2,20	2,80	3,50.0	3,20	1,10.0	0,40	0,40	1,80	2,40	3,10.0	2,80	0,70.0	0,70.0		
	5	2,75	3,50	4,37.5	4,00	1,37.5	0,50	0,50	2,25	3,00	3,87.5	3,50	0,87.5	0,87.5		
	6	3,30	4,20	5,25.0	4,80	1,65.0	0,60	0,60	2,70	3,60	4,65.0	4,20	1,05.0	1,05.0		
	7	3,85	4,90	6,12.5	5,60	1,92.5	0,70	0,70	3,15	4,20	5,42.5	4,90	1,22.5	1,22.5		
	8	4,40	5,60	7,00.0	6,40	2,20.0	0,80	0,80	3,60	4,80	6,20.0	5,60	1,40.0	1,40.0		
	9	4,95	6,30	7,87.5	7,20	2,47.5	0,90	0,90	4,05	5,40	6,97.5	6,30	1,57.5	1,57.5		
	10	5,50	7,00	8,75.0	8,00	2,75.0	1,00	1,00	4,50	6,00	7,75.0	7,00	1,75.0	1,75.0		
Vaguemestre (a)																
Tambour-major																Comme le Sergent-major du centre.
Caporal-sapeur																Comme le Caporal d'élite.
Maître armurier																Comme le Sergent du centre.
Maîtres tailleur et cordonn.																Comme le Fusilier.
Sergent-major d'élite	1	0,85	1,00	1,24.0	1,25	0,42.5	0,10	0,10	0,75	0,90	1,14	1,15	0,37.5	0,24		
	2	1,70	2,00	2,48.0	2,50	0,85.0	0,20	0,20	1,50	1,80	2,28	2,30	0,55.0	0,48		
	3	2,55	3,00	3,72.0	3,75	1,27.5	0,30	0,30	2,25	2,70	3,42	3,45	0,97.5	0,72		
	4	3,40	4,00	4,96.0	5,00	1,70.0	0,40	0,40	3,00	3,60	4,56	4,60	1,10.0	0,96		
	5	4,25	5,00	6,20.0	6,25	2,12.5	0,50	0,50	3,75	4,50	5,70	5,75	1,62.5	1,20		
	6	5,10	6,00	7,44.0	7,50	2,55.0	0,60	0,60	4,50	5,40	6,84	6,90	1,95.0	1,44		
	7	5,95	7,00	8,68.0	8,75	2,97.5	0,70	0,70	5,25	6,30	7,98	8,05	2,27.5	1,68		
	8	6,80	8,00	9,92.0	10,00	3,40.0	0,80	0,80	6,00	7,20	9,12	9,20	2,60.0	1,92		
	9	7,65	9,00	11,16.0	11,25	3,82.5	0,90	0,90	6,75	8,10	10,26	10,35	2,92.5	2,16		
	10	8,50	10,00	12,40.0	12,50	4,25.0	1,00	1,00	7,50	9,00	11,40	11,50	3,25.0	2,40		
	90	76,50	90,00	111,60.0										21,60		
	91	77,35	91,00	112,84.0										21,84		
	92	78,20	92,00	114,08.0										22,08		

(a) En temps de guerre, les sous-officiers qui remplacent les fonctions de Vaguemestre de régiment, jouissent d'une solde de 1 f. 66 c. par jour; dans toutes les autres positions ils n'ont droit qu'à la solde affectée à leur grade. Suivent les calculs de cette solde :

journées	SOLDE intégrale.	SOLDE déduction faite de la masse.
1	[illegible]	[illegible]
2	[illegible]	[illegible]
3	[illegible]	[illegible]
4	[illegible]	[illegible]
5	[illegible]	[illegible]
6	[illegible]	[illegible]
7	[illegible]	[illegible]
8	[illegible]	[illegible]
9	[illegible]	[illegible]
10	[illegible]	[illegible]
90	[illegible]	
91	[illegible]	
92	[illegible]	

Suite du n° 8. — SOLDE de présence et d'absence des sous-officiers et soldats, calculée intégralement · la déduction de la masse de linge et chaussure, avec les supplémens de solde dans Paris et en recrut.

DÉSIGNATION des grades.	NOMBRE DE JOURNÉES.	1e Solde de présence et d'absence calculée intégralement							2e Solde de présence et d'absence calculée sous la déduct. de la portion affectée à la masse de linge et chaussure					SUPPLÉM. DE SOLDE		OBSERVATIONS
		avec les vivres de campagne, ou voyageant isolément	en station hors Paris.	en station dans Paris.	en marche avec le pain.	en congé ou en semestre.	à l'hôpital.	à l'hôpital étant en semestre.	avec les vivres de campagne, ou voyageant isolément.	en station hors Paris.	en station dans Paris.	en marche avec le pain.	en congé ou en semestre.	dans Paris.	aux militaires employés au recrutement.	
Sergens et fourriers d'élite.	1	0,72	0,87	1,05.8	1,07	0,36	0,10	0,10	0,62	0,77	0,95.8	0,97	0,26	0,18.8	0,26	
	2	1,44	1,74	2,11.6	2,14	0,72	0,20	0,20	1,24	1,54	1,91.6	1,94	0,52	0,37.6	0,52	
	3	2,16	2,61	3,17.4	3,21	1,08	0,30	0,30	1,86	2,31	2,87.4	2,91	0,78	0,56.4	0,78	
	4	2,88	3,48	4,23.2	4,28	1,44	0,40	0,40	2,48	3,08	3,83.2	3,88	1,04	0,75.2	1,04	
	5	3,60	4,35	5,29.0	5,35	1,80	0,50	0,50	3,10	3,85	4,79.0	4,85	1,30	0,94.0	1,30	
	6	4,32	5,22	6,34.8	6,42	2,16	0,60	0,60	3,72	4,62	5,74.8	5,82	1,56	1,12.8	1,56	
	7	5,04	6,09	7,40.6	7,49	2,52	0,70	0,70	4,34	5,39	6,70.6	6,79	1,82	1,31.6	1,82	
	8	5,76	6,96	8,46.4	8,56	2,88	0,80	0,80	4,96	6,16	7,66.4	7,76	2,08	1,50.4	2,08	
	9	6,48	7,83	9,52.2	9,63	3,24	0,90	0,90	5,58	6,93	8,62.2	8,73	2,34	1,69.2	2,34	
	10	7,20	8,70	10,58.0	10,70	3,60	1,20	1,00	6,20	7,70	9,58.0	9,70	2,60	1,88.0	2,60	
	450	324,00	391,50	476,10.0	"	"	"	"	"	"	"	"	"	84,60.0	"	
	455	327,60	395,85	481,39.0	"	"	"	"	"	"	"	"	"	85,54.0	"	
	460	331,20	400,20	486,68.0	"	"	"	"	"	"	"	"	"	86,48.0	"	
Caporaux-d'élite.	1	0,50	0,65	0,80	0,75	0,25	0,10	0,10	0,40	0,55	0,70	0,65	0,15	0,15	0,20	
	2	1,00	1,30	1,60	1,50	0,50	0,20	0,20	0,80	1,10	1,40	1,30	0,30	0,30	0,40	
	3	1,50	1,95	2,40	2,25	0,75	0,30	0,30	1,20	1,65	2,10	1,95	0,45	0,45	0,60	
	4	2,00	2,60	3,20	3,00	1,00	0,40	0,40	1,60	2,20	2,80	2,60	0,60	0,60	0,80	
	5	2,50	3,25	4,00	3,75	1,25	0,50	0,50	2,00	2,75	3,50	3,25	0,75	0,75	1,00	
	6	3,00	3,90	4,80	4,50	1,50	0,60	0,60	2,40	3,30	4,20	3,90	0,90	0,90	1,20	
	7	3,50	4,55	5,60	5,25	1,75	0,70	0,70	2,80	3,85	4,90	4,55	1,05	1,05	1,40	
	8	4,00	5,20	6,40	6,00	2,00	0,80	0,80	3,20	4,40	5,60	5,20	1,20	1,20	1,60	
	9	4,50	5,85	7,20	6,75	2,25	0,90	0,90	3,60	4,95	6,30	5,85	1,35	1,35	1,80	
	10	5,00	6,50	8,00	7,50	2,50	1,00	1,00	4,00	5,50	7,00	6,50	1,50	1,50	2,00	
	90	45,00	58,50	72,00	"	"	"	"	"	"	"	"	"	13,50	"	
	91	45,50	59,15	72,80	"	"	"	"	"	"	"	"	"	13,65	"	
	92	46,00	59,80	73,60	"	"	"	"	"	"	"	"	"	13,80	"	
	220	360,00	468,00	576,00	"	"	"	"	"	"	"	"	"	108,00	"	
	228	364,00	473,20	582,40	"	"	"	"	"	"	"	"	"	109,20	"	
	236	368,00	478,40	588,80	"	"	"	"	"	"	"	"	"	110,40	"	

6

Suite du n° 8. — SOLDE de présence et d'absence des sous-officiers et soldats, calculée intégralement

et sous la déduction de la masse de linge et chaussure, avec les supplémens de solde dans Paris, etc.

1° Solde de présence et d'absence calculée intégralement

DÉSIGNATION des GRADES.	№	avec les vivres de campagne, ou voyageant isolément.	en station hors Paris.	en station dans Paris.	en marche avec le pain.	en congé ou en semestre.	à l'hôpital.	à l'hôpital étant en semestre.
Soldats d'élite.........	1	0,15	0,50	0,57.5	0,60	0,17.5	0,10	0,10
	2	0,70	1,00	1,15.0	1,20	0,35.0	0,20	0,20
	3	1,05	1,50	1,72.5	1,80	0,52.5	0,30	0,30
	4	1,40	2,00	2,30.0	2,40	0,70.0	0,40	0,40
	5	1,75	2,50	2,87.5	3,00	0,87.5	0,50	0,50
	6	2,10	3,00	3,45.0	3,60	1,05.0	0,60	0,60
	7	2,45	3,50	4,02.5	4,20	1,22.5	0,70	0,70
	8	2,80	4,00	4,60.0	4,80	1,40.0	0,80	0,80
	9	3,15	4,50	5,17.5	5,40	1,57.5	0,90	0,90
	10	3,50	5,00	5,75.0	6,00	1,75.0	1,00	1,00
Tamb. d'élite ou Clairons.	1	0,45	0,60	0,67.5	0,70	0,17.5	0,20	0,10
	2	0,90	1,20	1,35.0	1,40	0,35.0	0,40	0,20
	3	1,35	1,80	2,02.5	2,10	0,52.5	0,60	0,30
	4	1,80	2,40	2,70.0	2,80	0,70.0	0,80	0,40
	5	2,25	3,00	3,37.5	3,50	0,87.5	1,00	0,50
	6	2,70	3,60	4,05.0	4,20	1,05.0	1,20	0,60
	7	3,15	4,20	4,72.5	4,90	1,22.5	1,40	0,70
	8	3,60	4,80	5,40.0	5,60	1,40.0	1,60	0,80
	9	4,05	5,40	6,07.5	6,30	1,57.5	1,80	0,90
	10	4,50	6,00	6,75.0	7,00	1,75.0	2,00	1,00
	180	81,00	108,00	121,50.0	»	»	»	»
	182	81,90	109,20	122,85.0	»	»	»	»
	184	82,80	110,40	124,20.0	»	»	»	»

2° Solde de présence et d'absence calculée sous la déduction de la portion affectée à la masse de linge et chaussure — **SUPPLÉM. DE SOLDE** — **OBSERVATIONS.**

№	avec les vivres de campagne, ou voyageant isolément.	en station hors Paris.	en station dans Paris.	en marche avec le pain.	en congé ou en semestre.	à l'hôpital.	SUPPLÉM. dans Paris.	SUPPLÉM. aux militaires employés au recrutement.
1	0,25	0,40	0,47.5	0,50	0,07.5	»	0,07.5	0,10
2	0,50	0,80	0,95.0	1,00	0,15.0	»	0,15.0	0,20
3	0,75	1,20	1,42.5	1,50	0,22.5	»	0,22.5	0,30
4	1,00	1,60	1,90.0	2,00	0,30.0	»	0,30.0	0,40
5	1,25	2,00	2,37.5	2,50	0,37.5	»	0,37.5	0,50
6	1,50	2,40	2,85.0	3,00	0,45.0	»	0,45.0	0,60
7	1,75	2,80	3,32.5	3,50	0,52.5	»	0,52.5	0,70
8	2,00	3,20	3,80.0	4,00	0,60.0	»	0,60.0	0,80
9	2,25	3,60	4,27.5	4,50	0,67.5	»	0,67.5	0,90
10	2,50	4,00	4,75.0	5,00	0,75.0	»	0,75.0	1,00
1	0,35	0,50	0,57.5	0,60	0,07.5	0,10	0,07.5	0,13
2	0,70	1,00	1,15.0	1,20	0,15.0	0,20	0,15.0	0,30
3	1,05	1,50	1,72.5	1,80	0,22.5	0,30	0,22.5	0,45
4	1,40	2,00	2,30.0	2,40	0,30.0	0,40	0,30.0	0,60
5	1,75	2,50	2,87.5	3,00	0,37.5	0,50	0,37.5	0,75
6	2,10	3,00	3,45.0	3,60	0,45.0	0,60	0,45.0	0,90
7	2,45	3,50	4,02.5	4,20	0,52.5	0,70	0,52.5	1,05
8	2,80	4,00	4,60.0	4,80	0,60.0	0,80	0,60.0	1,20
9	3,15	4,50	5,17.5	5,40	0,67.5	0,90	0,67.5	1,35
10	3,50	5,00	5,75.0	6,00	0,75.0	1,00	0,75.0	1,50
180	»	»	»	»	»	»	13,50.0	»
182	»	»	»	»	»	»	13,65.0	»
184	»	»	»	»	»	»	13,80.0	»

OBSERVATIONS. — Lorsque les conducteurs en chef sont pris parmi les soldats, ils reçoivent le supplément affecté aux caporaux, ou 20 c. par jour.

Suite du n° 8. — SOLDE de présence et d'absence des sous-officiers et soldats, calculée intégralement

la déduction de la masse de linge et chaussure, avec les supplémens de solde dans Paris et en recrut.

1° Solde de présence et d'absence calculée intégralement

DÉSIGNATION des grades.	NOMBRE DE JOURNÉES	avec les vivres de campagne, ou voyageant seulement.	en station hors Paris.	en station dans Paris.	en marche avec le pain.	en congé ou en semestre.	à l'hôpital.	à l'hôpital absent en semestre.
Sergent-major du centre.	1	0,80	0,95	1,17	1,20	0,40	0,10	0,10
	2	1,60	1,90	2,34	2,40	0,80	0,20	0,20
	3	2,40	2,85	3,51	3,60	1,20	0,30	0,30
	4	3,20	3,80	4,68	4,80	1,60	0,40	0,40
	5	4,00	4,75	5,85	6,00	2,00	0,50	0,50
	6	4,80	5,70	7,02	7,20	2,40	0,60	0,60
	7	5,60	6,65	8,19	8,40	2,80	0,70	0,70
	8	6,40	7,60	9,36	9,60	3,20	0,80	0,80
	9	7,20	8,55	10,53	10,80	3,60	0,90	0,90
	10	8,00	9,50	11,70	12,00	4,00	1,00	1,00
	90	72,00	85,50	105,30	»	»	»	»
	91	72,80	86,45	106,47	"	"	"	"
	92	73,60	87,40	107,64	"	"	"	"
Sergens et fourriers du centre.	1	0,62	0,77	0,91.8	0,97	0,31	0,10	0,10
	2	1,24	1,54	1,83.6	1,94	0,62	0,20	0,20
	3	1,86	2,31	2,75.4	2,91	0,93	0,30	0,30
	4	2,48	3,08	3,67.2	3,88	1,24	0,40	0,40
	5	3,10	3,85	4,59.0	4,85	1,55	0,50	0,50
	6	3,72	4,62	5,50.8	5,82	1,86	0,60	0,60
	7	4,34	5,39	6,42.6	6,79	2,17	0,70	0,70
	8	4,96	6,16	7,34.4	7,76	2,48	0,80	0,80
	9	5,58	6,93	8,26.2	8,73	2,79	0,90	0,90
	10	6,20	7,70	9,18.0	9,70	3,10	1,00	1,00
	90	55,80	69,30	82,62.0	»	»	»	»
	91	56,42	70,07	83,53.8	"	"	"	"
	92	57,04	70,84	84,45.6	"	"	"	"
	450	279,00	346,50	413,10.0	»	»	»	»
	455	282,10	350,35	417,69.0	"	"	"	"
	460	285,20	354,20	422,28.0	"	"	"	"

2° Solde de présence et d'absence calculée sous la déduct. de la portion affectée à la masse de linge et chaussure.

NOMBRE DE JOURNÉES	avec les vivres de campagne, ou voyageant seulement.	en station hors Paris.	en station dans Paris.	en marche avec le pain.	en congé ou en semestre.	SUPPLÉM. DE SOLDE dans Paris.	SUPPLÉM. DE SOLDE aux militaires employés au recrutement.	OBSERVATIONS.
1	0,70	0,85	1,07	1,10	0,30	0,22	»	
2	1,40	1,70	2,14	2,20	0,60	0,44	"	
3	2,10	2,55	3,21	3,30	0,90	0,66	"	
4	2,80	3,40	4,28	4,40	1,20	0,88	"	
5	3,50	4,25	5,36	5,50	1,50	1,10	"	
6	4,20	5,10	6,42	6,60	1,80	1,32	"	
7	4,90	5,95	7,49	7,70	2,10	1,54	"	
8	5,60	6,80	8,56	8,80	2,40	1,76	"	
9	6,30	7,65	9,63	9,90	2,70	1,98	"	
10	7,00	8,50	10,70	11,00	3,00	2,20	"	
90	»	»	»	»	»	19,80	"	
91	"	"	"	"	"	20,02	"	
92	"	"	"	"	"	20,24	"	
1	0,52	0,67	0,81.8	0,87	0,21	0,14.8	0,26	
2	1,04	1,34	1,63.6	1,74	0,42	0,29.6	0,52	
3	1,56	2,01	2,45.4	2,61	0,63	0,44.4	0,78	
4	2,08	2,68	3,27.2	3,48	0,84	0,59.2	1,04	
5	2,60	3,35	4,09.0	4,35	1,05	0,74.0	1,30	
6	3,12	4,02	4,90.8	5,22	1,26	0,88.8	1,56	
7	3,64	4,69	5,72.6	6,09	1,47	1,03.6	1,82	
8	4,16	5,36	6,54.4	6,96	1,68	1,18.4	2,08	
9	4,68	6,03	7,36.2	7,83	1,89	1,33.2	2,34	
10	5,20	6,70	8,18.0	8,70	2,10	1,48.0	2,60	
90	»	»	»	»	»	13,32.0	»	
91	"	"	"	"	"	13,46.8	"	
92	"	"	"	"	"	13,61.6	"	
450	»	»	»	»	»	60,60.0	»	
455	"	"	"	"	"	67,34.0	"	
460	"	"	"	"	"	68,28.0	"	

Suite du n° 8. — SOLDE de présence et d'absence des sous-officiers et soldats, calculée intégralemen[t] la déduction de la masse de linge et chaussure, avec les supplémens de solde dans Paris et en recrut[ement].

DÉSIGNATION des GRADES	années de service	1° Solde de présence et d'absence calculée intégralement							2° Solde de présence et d'absence calculée sous la déduct. de la portion affectée à la masse de linge et chaussure					SUPPLÉM. DE SOLDE		OBSERVATIONS.
		avec les vivres de campagne, ou voyageant isolément.	en station hors Paris.	en station dans Paris.	en marche avec le pain.	en congé ou en semestre.	à l'hôpital.	à l'hôpital étant en semestre.	avec les vivres de campagne, ou voyageant isolément.	en station hors Paris.	en station dans Paris.	en marche avec le pain.	en congé ou en semestre.	dans Paris.	aux militaires employés au recrutement.	
Caporaux du centre	1	0,45	0,60	0,72.5	0,70	0,22.5	0,10	0,10	0,35	0,50	0,62.5	0,60	0,12.5	0,12.5	0,20	
	2	0,90	1,20	1,45.0	1,40	0,45.0	0,20	0,20	0,70	1,00	1,25.0	1,20	0,25.0	0,25.0	0,40	
	3	1,35	1,80	2,17.5	2,10	0,67.5	0,30	0,30	1,05	1,50	1,87.5	1,80	0,37.5	0,37.5	0,60	
	4	1,80	2,40	2,90.0	2,80	0,90.0	0,40	0,40	1,40	2,00	2,50.0	2,40	0,50.0	0,50.0	0,80	
	5	2,25	3,00	3,62.5	3,50	1,12.5	0,50	0,50	1,75	2,50	3,12.5	3,00	0,62.5	0,62.5	1,00	
	6	2,70	3,60	4,35.0	4,20	1,35.0	0,60	0,60	2,10	3,00	3,75.0	3,60	0,75.0	0,75.0	1,20	
	7	3,15	4,20	5,07.5	4,90	1,57.5	0,70	0,70	2,45	3,50	4,37.5	4,20	0,87.5	0,87.5	1,40	
	8	3,60	4,80	5,80.0	5,60	1,80.0	0,80	0,80	2,80	4,00	5,00.0	4,80	1,00.0	1,00.0	1,60	
	9	4,05	5,40	6,52.5	6,30	2,02.5	0,90	0,90	3,15	4,50	5,62.5	5,40	1,12.5	1,12.5	1,80	
	10	4,50	6,00	7,25.0	7,00	2,25.0	1,00	1,00	3,50	6,00	6,25.0	6,00	1,25.0	1,25.0	2,00	
	720	324,00	432,00	522,00.0	"	"	"	"	"	"	"	"	"	90,00.0	"	
	728	327,60	436,80	527,80.0	"	"	"	"	"	"	"	"	"	91,00.0	"	
	736	331,20	441,60	533,60.0	"	"	"	"	"	"	"	"	"	92,00.0	"	
Fusiliers ou chasseurs	1	0,30	0,45	0,50	0,55	0,15	0,10	0,10	0,20	0,35	0,40	0,45	0,05	0,05	(a) 0,10	(a) Lorsque les conducteurs en chef sont pris parmi les soldats, ils reçoivent le supplément affecté aux caporaux, ou 2e c. par jour.
	2	0,60	0,90	1,00	1,10	0,30	0,20	0,20	0,40	0,70	0,80	0,90	0,10	0,10	0,20	
	3	0,90	1,35	1,50	1,65	0,45	0,30	0,30	0,60	1,05	1,20	1,35	0,15	0,15	0,30	
	4	1,20	1,80	2,00	2,20	0,60	0,40	0,40	0,80	1,40	1,60	1,80	0,20	0,20	0,40	
	5	1,50	2,25	2,50	2,75	0,75	0,50	0,50	1,00	1,75	2,00	2,25	0,25	0,25	0,50	
	6	1,80	2,70	3,00	3,30	0,90	0,60	0,60	1,20	2,10	2,40	2,70	0,30	0,30	0,60	
	7	2,10	3,15	3,50	3,85	1,05	0,70	0,70	1,40	2,45	2,80	3,15	0,35	0,35	0,70	
	8	2,40	3,60	4,00	4,40	1,20	0,80	0,80	1,60	2,80	3,20	3,60	0,40	0,40	0,80	
	9	2,70	4,05	4,50	4,95	1,35	0,90	0,90	1,80	3,15	3,60	4,05	0,45	0,45	0,90	
	10	3,00	4,50	5,00	5,50	1,50	1,00	1,00	2,00	3,50	4,00	4,50	0,50	0,50	1,00	
	180	54,00	81,00	90,00	"	"	"	"	"	"	"	"	"	9,00	"	
	182	54,60	81,90	91,00	"	"	"	"	"	"	"	"	"	9,10	"	
	184	55,20	82,80	92,00	"	"	"	"	"	"	"	"	"	9,20	"	

Suite du n° 8. — SOLDE de présence et d'absence des sous-officiers et soldats, calculée intégralement et sous la déduction de la masse de linge et chaussure, avec les suppléments de solde dans Paris, etc.

DÉSIGNATION des GRADES.	Nombre de soldats.	1° Solde de présence et d'absence calculée intégralement							2° Solde de présence et d'absence calculée sous la déduction de la portion affectée à la masse de linge et chaussure						SUPPLÉM. DE SOLDE		OBSERVATIONS.
		avec les vivres de campagne, ou voyageant isolément	en station hors Paris.	en station dans Paris.	en marche avec le pain.	en congé ou en semestre.	à l'hôpital.	à l'hôpital étant en semestre.	avec les vivres de campagne, ou voyageant isolément	en station hors Paris.	en station dans Paris.	en marche avec le pain.	en congé ou en semestre.	à l'hôpital.	dans Paris.	aux militaires employés au recrutement.	
Tambours du centre....	1	0,40	0,55	0,60	0,65	0,15	0,20	0,10	0,30	0,45	0,50	0,55	0,05	0,10	0,05	0,15	
	2	0,80	1,10	1,20	1,30	0,30	0,40	0,20	0,60	0,90	1,00	1,10	0,10	0,20	0,10	0,30	
	3	1,20	1,65	1,80	1,95	0,45	0,60	0,30	0,90	1,35	1,50	1,65	0,15	0,30	0,15	0,45	
	4	1,60	2,20	2,40	2,60	0,60	0,80	0,40	1,20	1,80	2,00	2,20	0,20	0,40	0,20	0,60	
	5	2,00	2,75	3,00	3,25	0,75	1,00	0,50	1,50	2,25	2,50	2,75	0,25	0,50	0,25	0,75	
	6	2,40	3,30	3,60	3,90	0,90	1,20	0,60	1,80	2,70	3,00	3,30	0,30	0,60	0,30	0,90	
	7	2,80	3,85	4,20	4,55	1,05	1,40	0,70	2,10	3,15	3,50	3,85	0,35	0,70	0,35	1,05	
	8	3,20	4,40	4,80	5,20	1,20	1,60	0,80	2,40	3,60	4,00	4,40	0,40	0,80	0,40	1,20	
	9	3,60	4,95	5,40	5,85	1,35	1,80	0,90	2,70	4,05	4,50	4,95	0,45	0,90	0,45	1,35	
	10	4,00	5,50	6,00	6,50	1,50	2,00	1,00	3,00	4,50	5,00	5,50	0,50	1,00	0,50	1,50	
	180	72,00	99,00	108,00	»	»	»	»	»	»	»	»	»	»	9,00	»	
	182	72,80	100,10	109,20	»	»	»	»	»	»	»	»	»	»	9,10	»	
	184	73,60	101,20	110,40	»	»	»	»	»	»	»	»	»	»	9,20	»	
Enfans de troupe.....	1	»	0,20	0,27.5	0,40	»	0,10	»	»	»	»	»	»	»	0,07.5	»	
	2	»	0,40	0,55.0	0,80	»	0,20	»	»	»	»	»	»	»	0,15.0	»	
	3	»	0,60	0,82.5	1,20	»	0,30	»	»	»	»	»	»	»	0,22.5	»	
	4	»	0,80	1,10.0	1,60	»	0,40	»	»	»	»	»	»	»	0,30.0	»	
	5	»	1,00	1,37.5	2,00	»	0,50	»	»	»	»	»	»	»	0,37.5	»	
	6	»	1,20	1,65.0	2,40	»	0,60	»	»	»	»	»	»	»	0,45.0	»	
	7	»	1,40	1,92.5	2,80	»	0,70	»	»	»	»	»	»	»	0,52.5	»	
	8	»	1,60	2,20.0	3,20	»	0,80	»	»	»	»	»	»	»	0,60.0	»	
	9	»	1,80	2,47.5	3,60	»	0,90	»	»	»	»	»	»	»	0,67.5	»	
	10	»	2,00	2,75.0	4,00	»	1,00	»	»	»	»	»	»	»	0,75.0	»	
	90	»	18,00	24,75.0	»	»	»	»	»	»	»	»	»	»	6,75.0	»	
	91	»	18,20	25,02.5	»	»	»	»	»	»	»	»	»	»	6,82.5	»	
	92	»	18,40	25,30.0	»	»	»	»	»	»	»	»	»	»	6,90.0	»	

N° 9. — TABLEAU pour établir, dans toutes les positions, le prêt du petit état-major, et des compagnies d'élite et du centre portés au complet, déterminé par l'ordonn. du 27 février 1825, et au-dessous de ce complet.

PRÊT DE QUATRE JOURS.

DÉSIGNATION des GRADES.	NOMBRE d'hommes.	NOMBRE de journées.	en station hors Paris.	en station dans Paris.	en marche avec le pain.	avec les vivres de campagne, en voyageant isolément.
Adjudans sous-officiers	1	4	7,00	9,16	10,40	6,40
	2	8	14,00	18,32	20,80	12,80
	3	12	21,00	27,48	31,20	19,20
Caporaux-tambours	1	4	2,40	2,90	2,80	1,80
	2	8	4,80	5,80	5,60	3,60
	3	12	7,20	8,70	8,40	5,40
Musiciens	1	4	2,40	3,10	2,80	1,80
	2	8	4,80	6,20	5,60	3,60
	3	12	7,20	9,30	8,40	5,40
	4	16	9,60	12,40	11,20	7,20
	5	20	12,00	15,50	14,00	9,00
	6	24	14,40	18,60	16,80	10,80
	7	28	16,80	21,70	19,60	12,60
	8	32	19,20	24,80	22,40	14,40
	9	36	21,60	27,90	25,20	16,20
	10	40	24,00	31,00	28,00	18,00
	11	44	26,40	34,10	30,80	19,80
	12	48	28,80	37,20	33,60	21,60
	13	52	31,20	40,30	36,40	23,40
	14	56	33,60	43,40	39,20	25,20
	15	60	36,00	46,50	42,00	27,00
	16	64	38,40	49,60	44,80	28,80
	17	68	40,80	52,70	47,60	30,60
	18	72	43,20	55,80	50,40	32,40
	19	76	45,60	58,90	53,20	34,20
	20	80	48,00	62,00	56,00	36,00
	21	84	50,40	65,10	58,80	37,80
	22	88	52,80	68,20	61,60	39,60
	23	92	55,20	71,30	64,40	41,40
	24	96	57,60	74,40	67,20	43,20
	25	100	60,00	77,50	70,00	45,00
	26	104	62,40	80,60	72,80	46,80
	27	108	64,80	83,70	75,60	48,60
Vaguemestre	1	4	»	»	»	6,26,4

PRÊT DE TROIS JOURS.

DÉSIGNATION des GRADES.	NOMBRE d'hommes.	NOMBRE de journées.	en station hors Paris.	en station dans Paris.	en marche avec le pain.	avec les vivres de campagne, en voyageant isolément.
Adjudans sous-officiers	1	3	5,25	6,87	7,80	4,80
	2	6	10,50	13,74	15,60	9,60
	3	9	15,75	20,61	23,40	14,40
Caporaux-tambours	1	3	1,80	2,17.5	2,10	1,35
	2	6	3,60	4,35.0	4,20	2,70
	3	9	5,40	6,52.5	6,30	4,05
Musiciens	1	3	1,80	2,32.5	2,10	1,35
	2	6	3,60	4,65.0	4,20	2,70
	3	9	5,40	6,97.5	6,30	4,05
	4	12	7,20	9,30.0	8,40	5,40
	5	15	9,00	11,62.5	10,50	6,75
	6	18	10,80	13,95.0	12,60	8,10
	7	21	12,60	16,27.5	14,70	9,45
	8	24	14,40	18,60.0	16,80	10,80
	9	27	16,20	20,92.5	18,90	12,15
	10	30	18,00	23,25.0	21,00	13,50
	11	33	19,80	25,57.5	23,10	14,85
	12	36	21,60	27,90.0	25,20	16,20
	13	39	23,40	30,22.5	27,30	17,55
	14	42	25,20	32,55.0	29,40	18,90
	15	45	27,00	34,87.5	31,50	20,25
	16	48	28,80	37,20.0	33,60	21,60
	17	51	30,60	39,52.5	35,70	22,95
	18	54	32,40	41,85.0	37,80	24,30
	19	57	34,20	44,17.5	39,90	25,65
	20	60	36,00	46,50.0	42,00	27,00
	21	63	37,80	48,82.5	44,10	28,35
	22	66	39,60	51,15.0	46,20	29,70
	23	69	41,40	53,47.5	48,30	31,05
	24	72	43,20	55,80.0	50,40	32,40
	25	75	45,00	58,12.5	52,50	33,75
	26	78	46,80	60,45.0	54,60	35,10
	27	81	48,60	62,77.5	56,70	36,45
Vaguemestre	1	3	»	»	»	4,60.8

PRÊT DE CINQ JOURS.

DÉSIGNATION des GRADES.	NOMBRE d'hommes.	NOMBRE de journées.	en station hors Paris.	en station dans Paris.	en marche avec le pain.	avec les vivres de campagne, en voyageant isolément.
Adjudans sous-officiers	1	5	8,75	11,45	13,00	8,00
	2	10	17,50	22,90	26,00	16,00
	3	15	26,25	34,34	39,00	24,00
Caporaux-tambours	1	5	3,00	3,62.5	3,50	2,25
	2	10	6,00	7,25.0	7,00	4,50
	3	15	9,00	10,87.5	10,50	6,75
Musiciens	1	5	3,00	3,87.5	3,50	2,25
	2	10	6,00	7,75.0	7,00	4,50
	3	15	9,00	11,62.5	10,50	6,75
	4	20	12,00	15,50.0	14,00	9,00
	5	25	15,00	19,37.5	17,50	11,25
	6	30	18,00	23,25.0	21,00	13,50
	7	35	21,00	27,12.5	24,50	15,75
	8	40	24,00	31,00.0	28,00	18,00
	9	45	27,00	34,87.5	31,50	20,25
	10	50	30,00	38,75.0	35,00	22,50
	11	55	33,00	42,62.5	38,50	24,75
	12	60	36,00	46,50.0	42,00	27,00
	13	65	39,00	50,37.5	45,50	29,25
	14	70	42,00	54,25.0	49,00	31,50
	15	75	45,00	58,12.5	52,50	33,75
	16	80	48,00	62,00.0	56,00	36,00
	17	85	51,00	65,87.5	59,50	38,25
	18	90	54,00	69,75.0	63,00	40,50
	19	95	57,00	73,62.5	66,50	42,75
	20	100	60,00	77,50.0	70,00	45,00
	21	105	63,00	81,37.5	73,50	47,25
	22	110	66,00	85,25.0	77,00	49,50
	23	115	69,00	89,12.5	80,50	51,75
	24	120	72,00	93,00.0	84,00	54,00
	25	125	75,00	96,87.5	87,50	56,25
	26	130	78,00	100,75.0	91,00	58,50
	27	135	81,00	104,62.5	94,60	60,75
Vaguemestre	1	5	»	»	»	7,83

NOTA. À l'aide du tableau ci-dessus, composé sous la déduction de solde affectée à la partie des masses de linge et chaussures, on peut établir une feuille de prêt pour une compagnie au complet et au-dessous, et dans toutes les positions, sans faire aucune autre opération arithmétique que celle de l'addition générale des sommes revenant à chaque grade. — Lorsque, par suite des mutations survenues dans l'intervalle d'un prêt à l'autre, il y a lieu à opérer des augmentations ou des diminutions, on en trouvera facilement le décompte, sans avoir besoin de faire des multiplications, au moyen de la seconde partie du Tableau n° 8.

L'ordonnance du 19 mars 1823 a prescrit le paiement du prêt de 4 jours en 4 jours. Cependant, depuis cette époque, plusieurs corps ont été autorisés à distribuer le prêt tous les 5 jours, et un grand nombre a émis le vœu que ce paiement fût remis comme avant l'ordonnance du 19 mars. Dans le cas possible où l'ancien ordre de choses serait rétabli, on a cru devoir faire les décomptes du présent tableau pour 4 et pour 5 jours.

Suite du n° 9. — TABLEAU pour établir, dans toutes les positions, le prêt du petit état-major, et des compagnies d'élite et du centre portés au complet, déterminé par l'ordonn. du 27 février 1825.

PRÊT DE QUATRE JOURS.

DÉSIGNATION des GRADES.	NOMBRE d'hommes.	NOMBRE de journées.	DÉCOMPTE en station hors Paris.	en station dans Paris.	en marche avec le pain.	avec les vivres de campagne, ou voyageant isolément.
Sergens-majors d'élite...	1	4	3,60	4,56	4,60	3,00
Sergens et fourrier d'élite.	1	4	3,08	3,83.2	3,88	2,48
	2	8	6,16	7,66.4	7,76	4,96
	3	12	9,24	11,49.6	11,64	7,44
	4	16	12,32	15,32.8	15,52	9,92
	5	20	15,40	19,16.0	19,40	12,40
Caporaux d'élite......	1	4	2,20	2,80	2,60	1,60
	2	8	4,40	5,60	5,20	3,20
	3	12	6,60	8,40	7,80	4,80
	4	16	8,80	11,20	10,40	6,40
	5	20	11,00	14,00	13,00	8,00
	6	24	13,20	16,80	15,60	9,60
	7	28	15,40	19,60	18,20	11,20
	8	32	17,60	22,40	20,80	12,80
Grenadiers et Voltigeurs..	1	4	1,60	1,90	2,00	1,00
	2	8	3,20	3,80	4,00	2,00
	3	12	4,80	5,70	6,00	3,00
	4	16	6,40	7,60	8,00	4,00
	5	20	8,00	9,50	10,00	5,00
	6	24	9,60	11,40	12,00	6,00
	7	28	11,20	13,30	14,00	7,00
	8	32	12,80	15,20	16,00	8,00
	9	36	14,40	17,10	18,00	9,00
	10	40	16,00	19,00	20,00	10,00
	11	44	17,60	20,90	22,00	11,00
	12	48	19,20	22,80	24,00	12,00
	13	52	20,80	24,70	26,00	13,00
	14	56	22,40	26,60	28,00	14,00
	15	60	24,00	28,50	30,00	15,00
	16	64	25,60	30,40	32,00	16,00
	17	68	27,20	32,30	34,00	17,00
	18	72	28,80	34,20	36,00	18,00
	19	76	30,40	36,10	38,00	19,00
	20	80	32,00	38,00	40,00	20,00

PRÊT DE TROIS JOURS.

NOMBRE d'hommes.	NOMBRE de journées.	DÉCOMPTE en station hors Paris.	en station dans Paris.	en marche avec le pain.	avec les vivres de campagne, ou voyageant isolément.
1	3	2,70	3,42.0	3,45	2,25
1	3	2,31	2,87.4	2,91	1,86
2	6	4,62	5,74.8	5,82	3,72
3	9	6,93	8,62.2	8,73	5,58
4	12	9,24	11,49.6	11,64	7,44
5	15	11,55	14,37.0	14,55	9,30
1	3	1,65	2,10.0	1,95	1,20
2	6	3,30	4,20.0	3,90	2,40
3	9	4,95	6,30.0	5,85	3,60
4	12	6,60	8,40.0	7,80	4,80
5	15	8,25	10,50.0	9,75	6,00
6	18	9,90	12,60.0	11,70	7,20
7	21	11,55	14,70.0	13,65	8,40
8	24	13,20	16,80.0	15,60	9,60
1	3	1,20	1,42.5	1,50	0,75
2	6	2,40	2,85.0	3,00	1,50
3	9	3,60	4,27.5	4,50	2,25
4	12	4,80	5,70.0	6,00	3,00
5	15	6,00	7,12.5	7,50	3,75
6	18	7,20	8,55.0	9,00	4,50
7	21	8,40	9,97.5	10,50	5,25
8	24	9,60	11,40.0	12,00	6,00
9	27	10,80	12,82.5	13,50	6,75
10	30	12,00	14,25.0	15,00	7,50
11	33	13,20	15,67.5	16,50	8,25
12	36	14,40	17,10.0	18,00	9,00
13	39	15,60	18,52.5	19,50	9,75
14	42	16,80	19,95.0	21,00	10,50
15	45	18,00	21,37.5	22,50	11,25
16	48	19,20	22,50.0	24,00	12,00
17	51	20,40	24,22.5	25,50	12,75
18	54	21,60	25,65.0	27,00	13,50
19	57	22,80	27,07.5	28,50	14,25
20	60	24,00	28,50.0	30,00	15,00

PRÊT DE CINQ JOURS.

NOMBRE d'hommes.	NOMBRE de journées.	DÉCOMPTE en station hors Paris.	en station dans Paris.	en marche avec le pain.	avec les vivres de campagne, ou voyageant isolément.
1	5	4,50	5,70	5,75	3,75
1	5	3,85	4,79	4,85	3,10
2	10	7,70	9,58	9,70	6,20
3	15	11,55	14,37	14,55	9,30
4	20	15,40	19,16	19,40	12,40
5	25	19,25	23,95	24,25	15,50
1	5	2,75	3,50	3,25	2,00
2	10	5,50	7,00	6,50	4,00
3	15	8,25	10,50	9,75	6,00
4	20	11,00	14,00	13,00	8,00
5	25	13,75	17,50	16,25	10,00
6	30	16,50	21,00	19,50	12,00
7	35	19,25	24,50	22,75	14,00
8	40	22,00	28,00	26,00	16,00
1	5	2,00	2,37.5	2,50	1,25
2	10	4,00	4,75.0	5,00	2,50
3	15	6,00	7,12.5	7,50	3,75
4	20	8,00	9,50.0	10,00	5,00
5	25	10,00	11,87.5	12,50	6,75
6	30	12,00	14,25.0	15,00	7,50
7	35	14,00	16,62.5	17,50	8,75
8	40	16,00	19,00.0	20,00	10,00
9	45	18,00	21,37.5	22,50	11,25
10	50	20,00	23,75.0	25,00	12,50
11	55	22,00	26,12.5	27,50	13,75
12	60	24,00	28,50.0	30,00	15,00
13	65	26,00	30,87.5	32,50	16,25
14	70	28,00	33,25.0	35,00	17,50
15	75	30,00	35,62.5	37,50	18,75
16	80	32,00	38,00.0	40,00	20,00
17	85	34,00	40,37.5	42,50	21,25
18	90	36,00	42,75.0	45,00	22,50
19	95	38,00	45,12.5	47,50	23,75
20	100	40,00	47,50.0	50,00	25,00

Suite du n° 9. — TABLEAU pour établir, dans toutes les positions, le prêt du petit état-major, et des compagnies d'élite et du centre portés au complet, déterminé par l'ordonn. du 27 février 1825.

DÉSIGNATION des GRADES. — Suite des Grenad. et Volt...

PRÊT DE QUATRE JOURS.

NOMBRE d'hommes.	NOMBRE de journées.	DÉCOMPTE en station hors Paris.	en station dans Paris.	en marche avec le pain.	avec les vivres de campagne, ou voyageant isolément.
21	84	33,60	39,90	42,00	21,00
22	88	35,20	41,80	44,00	22,00
23	92	36,80	43,70	46,00	23,00
24	96	38,40	45,60	48,00	24,00
25	100	40,00	47,50	50,00	25,00
26	104	41,60	49,40	52,00	26,00
27	108	43,20	51,30	54,00	27,00
28	112	44,80	53,20	56,00	28,00
29	116	46,40	55,10	58,00	29,00
30	120	48,00	57,00	60,00	30,00
31	124	49,60	58,90	62,00	31,00
32	128	51,20	60,80	64,00	32,00
33	132	52,80	62,70	66,00	33,00
34	136	54,40	64,60	68,00	34,00
35	140	56,00	66,50	70,00	35,00
36	144	57,60	68,40	72,00	36,00
37	148	59,20	70,30	74,00	37,00
38	152	60,80	72,20	76,00	38,00
39	156	62,40	74,10	78,00	39,00
40	160	64,00	76,00	80,00	40,00
41	164	65,60	77,90	82,00	41,00
42	168	67,20	79,80	84,00	42,00
43	172	68,80	81,70	86,00	43,00
44	176	70,40	83,60	88,00	44,00
45	180	72,00	85,50	90,00	45,00
46	184	73,60	87,40	92,00	46,00
47	188	75,20	89,30	94,00	47,00
48	192	76,80	91,20	96,00	48,00
49	196	78,40	93,10	98,00	49,00
50	200	80,00	95,00	100,00	50,00
51	204	81,60	96,90	102,00	51,00
52	208	83,20	98,80	104,00	52,00
53	212	84,80	100,70	106,00	53,00
54	216	86,40	102,60	108,00	54,00

PRÊT DE TROIS JOURS.

NOMBRE d'hommes.	NOMBRE de journées.	DÉCOMPTE en station hors Paris.	en station dans Paris.	en marche avec le pain.	avec les vivres de campagne, ou voyageant isolément.
21	63	25,20	29,92.5	31,50	15,75
22	66	26,40	31,35.0	33,00	16,50
23	69	27,60	32,77.5	34,50	17,25
24	72	28,80	34,20.0	36,00	18,00
25	75	30,00	35,62.5	37,50	18,75
26	78	31,20	37,05.0	39,00	19,50
27	81	32,40	38,47.5	40,50	20,25
28	84	33,60	39,90.0	42,00	21,00
29	87	34,80	41,32.5	43,50	21,75
30	90	36,00	42,75.0	45,00	22,50
31	93	37,20	44,17.5	46,50	23,25
32	96	38,40	45,60.0	48,00	24,00
33	99	39,60	47,02.5	49,50	24,75
34	102	40,80	48,45.0	51,00	25,50
35	105	42,00	49,87.5	52,50	26,25
36	108	43,20	51,30.0	54,00	27,00
37	111	44,40	52,72.5	55,50	27,75
38	114	45,60	54,15.0	57,00	28,50
39	117	46,80	55,57.5	58,50	29,25
40	120	48,00	57,00.0	60,00	30,00
41	123	49,20	58,42.5	61,50	30,75
42	126	50,40	59,85.0	63,00	31,50
43	129	51,60	61,27.5	64,50	32,25
44	132	52,80	62,70.0	66,00	33,00
45	135	54,00	64,12.5	67,50	33,75
46	138	55,20	65,55.0	69,00	34,50
47	141	56,40	66,97.5	70,50	35,25
48	144	57,60	68,40.0	72,00	36,00
49	147	58,80	69,82.5	73,50	36,75
50	150	60,00	71,25.0	75,00	37,50
51	153	61,20	72,67.5	76,50	38,25
52	156	62,40	74,10.0	78,00	39,00
53	159	63,60	75,52.5	79,50	39,75
54	162	64,80	76,95.0	81,00	40,50

PRÊT DE CINQ JOURS.

NOMBRE d'hommes.	NOMBRE de journées.	DÉCOMPTE en station hors Paris.	en station dans Paris.	en marche avec le pain.	avec les vivres de campagne, ou voyageant isolément.
21	105	42,00	49,87.5	52,50	26,25
22	110	44,00	52,25.0	55,00	27,50
23	115	46,00	54,62.5	57,50	28,75
24	120	48,00	57,00.0	60,00	30,00
25	125	50,00	59,37.5	62,50	31,25
26	130	52,00	61,75.0	65,00	32,50
27	135	54,00	64,12.5	67,50	33,75
28	140	56,00	66,50.0	70,00	35,00
29	145	58,00	68,87.5	72,50	36,25
30	150	60,00	71,25.0	75,00	37,50
31	155	62,00	73,62.5	77,50	38,75
32	160	64,00	76,00.0	80,00	40,00
33	165	66,00	78,37.5	82,50	41,25
34	170	68,00	80,75.0	85,00	42,50
35	175	70,00	83,12.5	87,50	43,75
36	180	72,00	85,50.0	90,00	45,00
37	185	74,00	87,87.5	92,50	46,25
38	190	76,00	90,25.0	95,00	47,50
39	195	78,00	92,62.5	97,50	48,75
40	200	80,00	95,00.0	100,00	50,00
41	205	82,00	97,37.5	102,50	51,25
42	210	84,00	99,75.0	105,00	52,50
43	215	86,00	102,12.5	107,50	53,75
44	220	88,00	104,50.0	110,00	55,00
45	225	90,00	106,87.5	112,50	56,25
46	230	92,00	109,25.0	115,00	57,50
47	235	94,00	111,62.5	117,50	58,75
48	240	96,00	114,00.0	120,00	60,00
49	245	98,00	116,37.5	122,50	61,25
50	250	100,00	118,75.0	125,00	62,50
51	255	102,00	121,12.5	127,50	63,75
52	260	104,00	123,50.0	130,00	65,00
53	265	106,00	125,87.5	132,50	66,25
54	270	108,00	128,25.0	135,00	67,50

Suite du n° 9. — TABLEAU pour établir, dans toutes les positions, le prêt du petit état-major, et

des compagnies d'élite et du centre portés au complet, déterminé par l'ordonn. du 27 février 1825.

PRÊT DE QUATRE JOURS.

DÉSIGNATION des GRADES.	NOMBRE d'hommes.	NOMBRE de journées.	DÉCOMPTE en station hors Paris.	en station dans Paris.	en marche avec le pain.	avec les vivres de campagne, ou voyageant seulement.
	55	220	88,00	104,50	110,00	55,00
	56	224	89,60	106,40	112,00	56,00
	57	228	91,20	108,30	114,00	57,00
	58	232	92,80	110,20	116,00	58,00
	59	236	94,40	112,10	118,00	59,00
	60	240	96,00	114,00	120,00	60,00
	61	244	97,60	115,90	122,00	61,00
	62	248	99,20	117,80	124,00	62,00
	63	252	100,80	119,70	126,00	63,00
	64	256	102,40	121,60	128,00	64,00
	65	260	104,00	123,50	130,00	65,00
	66	264	105,60	125,40	132,00	66,00
	67	268	107,20	127,30	134,00	67,00
	68	272	108,80	129,20	136,00	68,00
	69	276	110,40	131,10	138,00	69,00
	70	280	112,00	133,00	140,00	70,00
Suite des Grenad. et Volt.	71	284	113,60	134,90	142,00	71,00
	72	288	115,20	136,80	144,00	72,00
	73	292	116,80	138,70	146,00	73,00
	74	296	118,40	140,60	148,00	74,00
	75	300	120,00	142,50	150,00	75,00
	76	304	121,60	144,40	152,00	76,00
	77	308	123,20	146,30	154,00	77,00
	78	312	124,80	148,20	156,00	78,00
	79	316	126,40	150,10	158,00	79,00
	80	320	128,00	152,00	160,00	80,00
	81	324	129,60	153,90	162,00	81,00
	82	328	131,20	155,80	164,00	82,00
	83	332	132,80	157,70	166,00	83,00
	84	336	134,40	159,60	168,00	84,00
	85	340	136,00	161,50	170,00	85,00
	86	344	137,60	163,40	172,00	86,00
	87	348	139,20	165,30	174,00	87,00
	88	352	140,80	167,20	176,00	88,00

PRÊT DE TROIS JOURS.

NOMBRE d'hommes.	NOMBRE de journées.	DÉCOMPTE en station hors Paris.	en station dans Paris.	en marche avec le pain.	avec les vivres de campagne, ou voyageant seulement.
55	165	66,00	78,375	82,50	41,25
56	168	67,20	79,800	84,00	42,00
57	171	68,40	81,225	85,50	42,75
58	174	69,60	82,650	87,00	43,50
59	177	70,80	84,075	88,50	44,25
60	180	72,00	85,500	90,00	45,00
61	183	73,20	86,925	91,50	45,75
62	186	74,40	88,350	93,00	46,50
63	189	75,60	89,775	94,50	47,25
64	192	76,80	91,200	96,00	48,00
65	195	78,00	92,625	97,50	48,75
66	198	79,20	94,050	99,00	49,50
67	201	80,40	95,475	100,50	50,25
68	204	81,60	96,900	102,00	51,00
69	207	82,80	98,325	103,50	51,75
70	210	84,00	99,750	105,00	52,50
71	213	85,20	101,175	106,50	53,25
72	216	86,40	102,600	108,00	54,00
73	219	87,60	104,025	109,50	54,75
74	222	88,80	105,450	111,00	55,50
75	225	90,00	106,875	112,50	56,25
76	228	91,20	108,300	114,00	57,00
77	231	92,40	109,725	115,50	57,75
78	234	93,60	111,150	117,00	58,50
79	237	94,80	112,575	118,50	59,25
80	240	96,00	114,000	120,00	60,00
81	243	97,20	115,425	121,50	60,75
82	246	98,40	116,850	123,00	61,50
83	249	99,60	118,275	124,50	62,25
84	252	100,80	119,700	126,00	63,00
85	255	102,00	121,125	127,50	63,75
86	258	103,20	122,550	129,00	64,50
87	261	104,40	123,975	130,50	65,25
88	264	105,60	125,400	132,00	66,00

PRÊT DE CINQ JOURS.

NOMBRE d'hommes.	NOMBRE de journées.	DÉCOMPTE en station hors Paris.	en station dans Paris.	en marche avec le pain.	avec les vivres de campagne, ou voyageant seulement.
55	275	110,00	130,625	137,50	68,75
56	280	112,00	133,000	140,00	70,00
57	285	114,00	135,375	142,50	71,25
58	290	116,00	137,750	145,00	72,50
59	295	118,00	140,125	147,50	73,75
60	300	120,00	142,500	150,00	75,00
61	305	122,00	144,875	152,50	76,25
62	310	124,00	147,250	155,00	77,50
63	315	126,00	149,625	157,50	78,75
64	320	128,00	152,000	160,00	80,00
65	325	130,00	154,375	162,50	81,25
66	330	132,00	156,750	165,00	82,50
67	335	134,00	159,125	167,50	83,75
68	340	136,00	161,500	170,00	85,00
69	345	138,00	163,875	172,50	86,25
70	350	140,00	166,250	175,00	87,50
71	355	142,00	168,625	177,50	88,75
72	360	144,00	171,000	180,00	90,00
73	365	146,00	173,375	182,50	91,25
74	370	148,00	175,750	185,00	92,50
75	375	150,00	178,125	187,50	93,75
76	380	152,00	180,500	190,00	95,00
77	385	154,00	182,875	192,50	96,25
78	390	156,00	185,250	195,00	97,50
79	395	158,00	187,625	197,50	98,75
80	400	160,00	190,000	200,00	100,00
81	405	162,00	192,375	202,50	101,25
82	410	164,00	194,750	205,00	102,50
83	415	166,00	197,125	207,50	103,75
84	420	168,00	199,500	210,00	105,00
85	425	170,00	201,875	212,50	106,25
86	430	172,00	204,250	215,00	107,50
87	435	174,00	206,625	217,50	108,75
88	440	176,00	209,000	220,00	110,00

Suite du nº 9. — **TABLEAU** pour établir, dans toutes les positions, le prêt du petit état-major, et des compagnies d'élite et du centre portés au complet, déterminé par l'ordonn. du 27 février 1825.

DÉSIGNATION des GRADES.	PRÊT DE QUATRE JOURS.						PRÊT DE TROIS JOURS.						PRÊT DE CINQ JOURS.					
	NOMBRE d'hommes.	NOMBRE de journées.	DÉCOMPTE				NOMBRE d'hommes.	NOMBRE de journées.	DÉCOMPTE				NOMBRE d'hommes.	NOMBRE de journées.	DÉCOMPTE			
			en station hors Paris.	en station dans Paris.	en marche avec le pain.	avec les vivres de campagne ou voyageant isolément.			en station hors Paris.	en station dans Paris.	en marche avec le pain.	avec les vivres de campagne, ou voyageant isolément.			en station hors Paris.	en station dans Paris.	en marche avec le pain.	avec les vivres de campagne, ou voyageant isolément.
Suite des Grenad. et Volt. . .	89	356	142,40	169,10	178,00	89,00	89	267	106,80	126,82.5	133,50	66,75	89	445	178,00	211,37.5	222,50	111,25
	90	360	144,00	171,00	180,00	90,00	90	270	108,00	128,25.0	135,00	67,50	90	450	180,00	213,75.0	225,00	112,50
	91	364	145,60	172,90	182,00	91,00	91	273	109,20	129,67.5	136,50	68,25	91	455	182,00	216,12.5	227,50	113,75
	92	368	147,20	174,80	184,00	92,00	92	276	110,40	131,10.0	138,00	69,00	92	460	184,00	218,50.0	230,00	115,00
	93	372	148,80	176,70	186,00	93,00	93	279	111,60	132,52.5	139,50	69,75	93	465	186,00	220,87.5	232,50	116,25
	94	376	150,40	178,60	188,00	94,00	94	282	112,80	133,95.0	141,00	70,50	94	470	188,00	223,25.0	235,00	117,50
	95	380	152,00	180,50	190,00	95,00	95	285	114,00	135,37.5	142,50	71,25	95	475	190,00	225,62.5	237,50	118,75
	96	384	153,60	182,40	192,00	96,00	96	288	115,20	136,80.0	144,00	72,00	96	480	192,00	228,00.0	240,00	120,00
	97	388	155,20	184,30	194,00	97,00	97	291	116,40	138,22.5	145,50	72,75	97	485	194,00	230,37.5	242,50	121,25
	98	392	156,80	186,20	196,00	98,00	98	294	117,60	139,65.0	147,00	73,50	98	490	196,00	232,75.0	245,00	122,50
Tambours d'élite et Clairons.	1	4	2,00	2,30	2,40	1,40	1	3	1,50	1,72.5	1,80	1,05	1	5	2,50	2,87.5	3,00	1,75
	2	8	4,00	4,60	4,80	2,80	2	6	3,00	3,45.0	3,60	2,10	2	10	5,00	5,75.0	6,00	3,50
Sergens-majors du centre. .	1	4	3,40	4,28	4,40	2,80	1	3	2,55	3,21.0	3,30	2,10	1	5	4,25	5,35	5,50	3,50
Sergens et Fourriers du centre.	1	4	2,68	3,27.2	3,48	2,08	1	3	2,01	2,45.4	2,61	1,56	1	5	3,35	4,09	4,35	2,60
	2	8	5,36	6,54.4	6,96	4,16	2	6	4,02	4,90.8	5,22	3,12	2	10	6,70	8,18	8,70	5,20
	3	12	8,04	9,81.6	10,44	6,24	3	9	6,03	7,36.2	7,83	4,68	3	15	10,05	12,27	13,05	7,80
	4	16	10,72	13,08.8	13,92	8,32	4	12	8,04	9,81.6	10,44	6,24	4	20	13,40	16,36	17,40	10,40
	5	20	13,40	16,36.0	17,40	10,40	5	15	10,05	12,27.0	13,05	7,80	5	25	16,75	20,45	21,75	13,00
Caporaux du centre.	1	4	2,00	2,50	2,40	1,40	1	3	1,50	1,87.5	1,80	1,05	1	5	2,50	3,12.5	3,00	1,75
	2	8	4,00	5,00	4,80	2,80	2	6	3,00	3,75.0	3,60	2,10	2	10	5,00	6,25.0	6,00	3,50
	3	12	6,00	7,50	7,20	4,20	3	9	4,50	5,62.5	5,40	3,15	3	15	7,50	9,37.5	9,00	5,25
	4	16	8,00	10,00	9,60	5,60	4	12	6,00	7,50.0	7,20	4,20	4	20	10,00	12,50.0	12,00	7,00
	5	20	10,00	12,50	12,00	7,00	5	15	7,50	9,37.5	9,00	5,25	5	25	12,50	15,62.5	15,00	8,75
	6	24	12,00	15,00	14,40	8,40	6	18	9,00	11,25.0	10,80	6,30	6	30	15,00	18,75.0	18,00	10,50
	7	28	14,00	17,50	16,80	9,80	7	21	10,50	13,12.5	12,60	7,35	7	35	17,50	21,87.5	21,00	12,25
	8	32	16,00	20,00	19,20	11,20	8	24	12,00	15,00.0	14,40	8,40	8	40	20,00	25,00.0	24,00	14,00
Fusiliers ou Chasseurs. . . .	1	4	1,40	1,60	1,80	0,80	1	3	1,05	1,20	1,35	0,60	1	5	1,75	2,00	2,25	1,00
	2	8	2,80	3,20	3,60	1,60	2	6	2,10	2,40	2,70	1,20	2	10	3,50	4,00	4,50	2,00
	3	12	4,20	4,80	5,40	2,40	3	9	3,15	3,60	4,05	1,80	3	15	5,25	6,00	6,75	3,00
	4	16	5,60	6,40	7,20	3,20	4	12	4,20	4,80	5,40	2,40	4	20	7,00	8,00	9,00	4,00
	5	20	7,00	8,00	9,00	4,00	5	15	5,25	6,00	6,75	3,00	5	25	8,75	10,00	11,25	5,00
	6	24	8,40	9,60	10,80	4,80	6	18	6,30	7,20	8,10	3,60	6	30	10,50	12,00	13,50	6,00
	7	28	9,80	11,20	12,60	5,60	7	21	7,35	8,40	9,45	4,20	7	35	12,25	14,00	15,75	7,00
	8	32	11,20	12,80	14,40	6,40	8	24	8,40	9,60	10,80	4,80	8	40	14,00	16,00	18,00	8,00

Suite du n° 9. — TABLEAU pour établir, dans toutes les positions, le prêt du petit état-major, et des compagnies d'élite et du centre portés au complet, déterminé par l'ordonn. du 27 février 1823.

PRÊT DE QUATRE JOURS.

Désignation des grades : Suite des Fusiliers ou Chasseurs.

NOMBRE d'hommes.	NOMBRE de journées.	DÉCOMPTE en station hors Paris.	en station dans Paris.	en marche avec le poids.	avec les vivres de campagne, en campagne ou autrement.
9	36	12,60	14,40	16,20	7,20
10	40	14,00	16,00	18,00	8,00
11	44	15,40	17,60	19,80	8,80
12	48	16,80	19,20	21,60	9,60
13	52	18,20	20,80	23,40	10,40
14	56	19,60	22,40	25,20	11,20
15	60	21,00	24,00	27,00	12,00
16	64	22,40	25,60	28,80	12,80
17	68	23,80	27,20	30,60	13,60
18	72	25,20	28,80	32,40	14,40
19	76	26,60	30,40	34,20	15,20
20	80	28,00	32,00	36,00	16,00
21	84	29,40	33,60	37,80	16,80
22	88	30,80	35,20	39,60	17,60
23	92	32,20	36,80	41,40	18,40
24	96	33,60	38,40	43,20	19,20
25	100	35,00	40,00	45,00	20,00
26	104	36,40	41,60	46,80	20,80
27	108	37,80	43,20	48,60	21,60
28	112	39,20	44,80	50,40	22,40
29	116	40,60	46,40	52,20	23,20
30	120	42,00	48,00	54,00	24,00
31	124	43,40	49,60	55,80	24,80
32	128	44,80	51,20	57,60	25,60
33	132	46,20	52,80	59,40	26,40
34	136	47,60	54,40	61,20	27,20
35	140	49,00	56,00	63,00	28,00
36	144	50,40	57,60	64,80	28,80
37	148	51,80	59,20	66,60	29,60
38	152	53,20	60,80	68,40	30,40
39	156	54,60	62,40	70,20	31,20
40	160	56,00	64,00	72,00	32,00
41	164	57,40	65,60	73,80	32,80
42	168	58,80	67,20	75,60	33,60

PRÊT DE TROIS JOURS.

NOMBRE d'hommes.	NOMBRE de journées.	DÉCOMPTE en station hors Paris.	en station dans Paris.	en marche avec le poids.	avec les vivres de campagne, en campagne ou autrement.
9	27	9,45	10,80	12,15	5,40
10	30	10,50	12,00	13,50	6,00
11	33	11,55	13,20	14,85	6,60
12	36	12,60	14,40	16,20	7,20
13	39	13,65	15,60	17,55	7,80
14	42	14,70	16,80	18,90	8,40
15	45	15,75	18,00	20,25	9,00
16	48	16,80	19,20	21,60	9,60
17	51	17,85	20,40	22,95	10,20
18	54	18,90	21,60	24,30	10,80
19	57	19,95	22,80	25,65	11,40
20	60	21,00	24,00	27,00	12,00
21	63	22,05	25,20	28,35	12,60
22	66	23,10	26,40	29,70	13,20
23	69	24,15	27,60	31,05	13,80
24	72	25,20	28,80	32,40	14,40
25	75	26,25	30,00	33,75	15,00
26	78	27,30	31,20	35,10	15,60
27	81	28,35	32,40	36,45	16,20
28	84	29,40	33,60	37,80	16,80
29	87	30,45	34,80	39,15	17,40
30	90	31,50	36,00	40,50	18,00
31	93	32,55	37,20	41,85	18,60
32	96	33,60	38,40	43,20	19,20
33	99	34,65	39,60	44,55	19,80
34	102	35,70	40,80	45,90	20,40
35	105	36,75	42,00	47,25	21,00
36	108	37,80	43,20	48,60	21,60
37	111	38,85	44,40	49,95	22,20
38	114	39,90	45,60	51,30	22,80
39	117	40,95	46,80	52,65	23,40
40	120	42,00	48,00	54,00	24,00
41	123	43,05	49,20	55,35	24,60
42	126	44,10	50,40	56,70	25,20

PRÊT DE CINQ JOURS.

NOMBRE d'hommes.	NOMBRE de journées.	DÉCOMPTE en station hors Paris.	en station dans Paris.	en marche avec le poids.	avec les vivres de campagne, en campagne ou autrement.
9	45	15,75	18,00	20,25	9,00
10	50	17,50	20,00	22,50	10,00
11	55	19,25	22,00	24,75	11,00
12	60	21,00	24,00	27,00	12,00
13	65	22,75	26,00	29,25	13,00
14	70	24,50	28,00	31,50	14,00
15	75	26,25	30,00	33,75	15,00
16	80	28,00	32,00	36,00	16,00
17	85	29,75	34,00	38,25	17,00
18	90	31,50	36,00	40,50	18,00
19	95	33,25	38,00	42,75	19,00
20	100	35,00	40,00	45,00	20,00
21	105	36,75	42,00	47,25	21,00
22	110	38,50	44,00	49,50	22,00
23	115	40,25	46,00	51,75	23,00
24	120	42,00	48,00	54,00	24,00
25	125	43,75	50,00	56,25	25,00
26	130	45,50	52,00	58,50	26,00
27	135	47,25	54,00	60,75	27,00
28	140	49,00	56,00	63,00	28,00
29	145	50,75	58,00	65,25	29,00
30	150	52,50	60,00	67,50	30,00
31	155	54,25	62,00	69,75	31,00
32	160	56,00	64,00	72,00	32,00
33	165	57,75	66,00	74,25	33,00
34	170	59,50	68,00	76,50	34,00
35	175	61,25	70,00	78,75	35,00
36	180	63,00	72,00	81,00	36,00
37	185	64,75	74,00	83,25	37,00
38	190	66,50	76,00	85,50	38,00
39	195	68,25	78,00	87,75	39,00
40	200	70,00	80,00	90,00	40,00
41	205	71,75	82,00	92,25	41,00
42	210	73,50	84,00	94,50	42,00

Suite du n° 9. — **TABLEAU** pour établir, dans toutes les positions, le prêt du petit état-major, et des compagnies d'élite et du centre portés au complet, déterminé par l'ordonn. du 27 février 1825.

DÉSIGNATION des GRADES.	PRÊT DE QUATRE JOURS.						PRÊT DE TROIS JOURS.						PRÊT DE CINQ JOURS.					
	NOMBRE d'hommes.	NOMBRE de journées.	DÉCOMPTE en station hors Paris.	en station dans Paris.	en marche avec le pain.	avec les vivres de campagne, ou voyageant isolément.	NOMBRE d'hommes.	NOMBRE de journées.	DÉCOMPTE en station hors Paris.	en station dans Paris.	en marche avec le pain.	avec les vivres de campagne, ou voyageant isolément.	NOMBRE d'hommes.	NOMBRE de journées.	DÉCOMPTE en station hors Paris.	en station dans Paris.	en marche avec le pain.	avec les vivres de campagne, ou voyageant isolément.
	43	172	60,20	68,80	77,40	34,40	43	129	45,15	51,60	58,05	25,80	43	215	75,25	86,00	96,75	43,00
	44	176	61,60	70,40	79,20	35,20	44	132	46,20	52,80	59,40	26,40	44	220	77,00	88,00	99,00	44,00
	45	180	63,00	72,00	81,00	36,00	45	135	47,25	54,00	60,75	27,00	45	225	78,75	90,00	101,25	45,00
	46	184	64,40	73,60	82,80	36,80	46	138	48,30	55,20	62,10	27,60	46	230	80,50	92,00	103,50	46,00
	47	188	65,80	75,20	84,60	37,60	47	141	49,35	56,40	63,45	28,20	47	235	82,25	94,00	105,75	47,00
	48	192	67,20	76,80	86,40	38,40	48	144	50,40	57,60	64,80	28,80	48	240	84,00	96,00	108,00	48,00
	49	196	68,60	78,40	88,20	39,20	49	147	51,45	58,80	66,15	29,40	49	245	85,75	98,00	110,25	49,00
	50	200	70,00	80,00	90,00	40,00	50	150	52,50	60,00	67,50	30,00	50	250	87,50	100,00	112,50	50,00
	51	204	71,40	81,60	91,80	40,80	51	153	53,55	61,20	68,85	30,60	51	255	89,25	102,00	114,75	51,00
	52	208	72,80	83,20	93,60	41,60	52	156	54,60	62,40	70,20	31,20	52	260	91,00	104,00	117,00	52,00
	53	212	74,20	84,80	95,40	42,40	53	159	55,65	63,60	71,55	31,80	53	265	92,75	106,00	119,25	53,00
	54	216	75,60	86,40	97,20	43,20	54	162	56,70	64,80	72,90	32,40	54	270	94,50	108,00	121,50	54,00
	55	220	77,00	88,00	99,00	44,00	55	165	57,75	66,00	74,25	33,00	55	275	96,25	110,00	123,75	55,00
	56	224	78,40	89,60	100,80	44,80	56	168	58,80	67,20	75,60	33,60	56	280	98,00	112,00	126,00	56,00
	57	228	79,80	91,20	102,60	45,60	57	171	59,85	68,40	76,95	34,20	57	285	99,75	114,00	128,25	57,00
	58	232	81,20	92,80	104,40	46,40	58	174	60,90	69,60	78,30	34,80	58	290	101,50	116,00	130,50	58,00
Suite des Fusiliers ou Chass.	59	236	82,60	94,40	106,20	47,20	59	177	61,95	70,80	79,65	35,40	59	295	103,25	118,00	132,75	59,00
	60	240	84,00	96,00	108,00	48,00	60	180	63,00	72,00	81,00	36,00	60	300	105,00	120,00	135,00	60,00
	61	244	85,40	97,60	109,80	48,80	61	183	64,05	73,20	82,35	36,60	61	305	106,75	122,00	137,25	61,00
	62	248	86,80	99,20	111,60	49,60	62	186	65,10	74,40	83,70	37,20	62	310	108,50	124,00	139,50	62,00
	63	252	88,20	100,80	113,40	50,40	63	189	66,15	75,60	85,05	37,80	63	315	110,25	126,00	141,75	63,00
	64	256	89,60	102,40	115,20	51,20	64	192	67,20	76,80	86,40	38,40	64	320	112,00	128,00	144,00	64,00
	65	260	91,00	104,00	117,00	52,00	65	195	68,25	78,00	87,75	39,00	65	325	113,75	130,00	146,25	65,00
	66	264	92,40	105,60	118,80	52,80	66	198	69,30	79,20	89,10	39,60	66	330	115,50	132,00	148,50	66,00
	67	268	93,80	107,20	120,60	53,60	67	201	70,35	80,40	90,45	40,20	67	335	117,25	134,00	150,75	67,00
	68	272	95,20	108,80	122,40	54,40	68	204	71,40	81,60	91,80	40,80	68	340	119,00	136,00	153,00	68,00
	69	276	96,60	110,40	124,20	55,20	69	207	72,45	82,80	93,15	41,40	69	345	120,75	138,00	155,25	69,00
	70	280	98,00	112,00	126,00	56,00	70	210	73,50	84,00	94,50	42,00	70	350	122,50	140,00	157,50	70,00
	71	284	99,40	113,60	127,80	56,80	71	213	74,55	85,20	95,85	42,60	71	355	124,25	142,00	159,75	71,00
	72	288	100,80	115,20	129,60	57,60	72	216	75,60	86,40	97,20	43,20	72	360	126,00	144,00	162,00	72,00
	73	292	102,20	116,80	131,40	58,40	73	219	76,65	87,60	98,55	43,80	73	365	127,75	146,00	164,25	73,00
	74	296	103,60	118,40	133,20	59,20	74	222	77,70	88,80	99,90	44,40	74	370	129,50	148,00	166,50	74,00
	75	300	105,00	120,00	135,00	60,00	75	225	78,75	90,00	101,25	45,00	75	375	131,25	150,00	168,75	75,00
	76	304	106,40	121,60	136,80	60,80	76	228	79,80	91,20	102,60	45,60	76	380	133,00	152,00	171,00	76,00

Suite du n° 9. — TABLEAU pour établir, dans toutes les positions, le prêt du petit état-major, et des compagnies d'élite et du centre portés au complet, déterminé par l'ordonn. du 27 février 1825.

PRÊT DE QUATRE JOURS.

DÉSIGNATION des GRADES.	NOMBRE d'hommes.	NOMBRE de journées.	en station hors Paris.	en station dans Paris.	en marche avec le pain.	avec les vivres de campagne, ou vivres-pain indistinct.
	77	308	107,80	123,20	138,60	61,60
	78	312	109,20	124,80	140,40	62,40
	79	316	110,60	126,40	142,20	63,20
	80	320	112,00	128,00	144,00	64,00
	81	324	113,40	129,60	145,80	64,80
	82	328	114,80	131,20	147,60	65,60
	83	332	116,20	132,80	149,40	66,40
	84	336	117,60	134,40	151,20	67,20
	85	340	119,00	136,00	153,00	68,00
Suite des Fusiliers ou Chas.	86	344	120,40	137,60	154,80	68,80
	87	348	121,80	139,20	156,60	69,60
	88	352	123,20	140,80	158,40	70,40
	89	356	124,60	142,40	160,20	71,20
	90	360	126,00	144,00	162,00	72,00
	91	364	127,40	145,60	163,80	72,80
	92	368	128,80	147,20	165,60	73,60
	93	372	130,20	148,80	167,40	74,40
	94	376	131,60	150,40	169,20	75,20
	95	380	133,00	152,00	171,00	76,00
	96	384	134,40	153,60	172,80	76,80
Tambours de centre.	1	4	1,80	2,00	2,20	1,20
	2	8	3,60	4,00	4,40	2,40
Enfans de troupe.	1	4	0,80	1,10	1,60	»

PRÊT DE TROIS JOURS.

DÉSIGNATION	NOMBRE d'hommes.	NOMBRE de journées.	en station hors Paris.	en station dans Paris.	en marche avec le pain.	avec les vivres de campagne, ou vivres-pain indistinct.
	77	231	80,85	92,40	103,95	46,20
	78	234	81,90	93,60	105,30	46,80
	79	237	82,95	94,80	106,65	47,40
	80	240	84,00	96,00	108,00	48,00
	81	243	85,05	97,20	109,35	48,60
	82	246	86,10	98,40	110,70	49,20
	83	249	87,15	99,60	112,05	49,80
	84	252	88,20	100,80	113,40	50,40
	85	255	89,25	102,00	114,75	51,00
	86	258	90,30	103,20	116,10	51,60
	87	261	91,35	104,40	117,45	52,20
	88	264	92,40	105,60	118,80	52,80
	89	267	93,45	106,80	120,15	53,40
	90	270	94,50	108,00	121,50	54,00
	91	273	95,55	109,20	122,85	54,60
	92	276	96,60	110,40	124,20	55,20
	93	279	97,65	111,60	125,55	55,80
	94	282	98,70	112,80	126,90	56,40
	95	285	99,75	114,00	128,25	57,00
	96	288	100,80	115,20	129,60	57,60
	1	3	1,35	1,50	1,65	0,90
	2	6	2,70	3,00	3,30	1,80
	1	3	0,60	0,825	1,20	»

PRÊT DE CINQ JOURS.

DÉSIGNATION	NOMBRE d'hommes.	NOMBRE de journées.	en station hors Paris.	en station dans Paris.	en marche avec le pain.	avec les vivres de campagne, ou vivres-pain indistinct.
	77	385	134,75	154,00	173,25	77,00
	78	390	136,50	156,00	175,50	78,00
	79	395	138,25	158,00	177,75	79,00
	80	400	140,00	160,00	180,00	80,00
	81	405	141,75	162,00	182,25	81,00
	82	410	143,50	164,00	184,50	82,00
	83	415	145,25	166,00	186,75	83,00
	84	420	147,00	168,00	189,00	84,00
	85	425	148,75	170,00	191,25	85,00
	86	430	150,50	172,00	193,50	86,00
	87	435	152,25	174,00	195,75	87,00
	88	440	154,00	176,00	198,00	88,00
	89	445	155,75	178,00	200,25	89,00
	90	450	157,50	180,00	202,50	90,00
	91	455	159,25	182,00	204,75	91,00
	92	460	161,00	184,00	207,00	92,00
	93	465	162,75	186,00	209,25	93,00
	94	470	164,50	188,00	211,50	94,00
	95	475	166,25	190,00	213,75	95,00
	96	480	168,00	192,00	216,00	96,00
	1	5	2,25	2,50	2,75	1,50
	2	10	4,50	5,00	5,50	3,00
	1	5	1,00	1,375	2,00	»

13

N°. 10. — HAUTE-PAIE journalière, ou portion de la haute-paie acquittable avec la solde.

NOMBRE de journées.	CHEVRONS.			RÈGLES D'ADMISSION AUX DIFFÉRENTES CLASSES DE CHEVRONS.
	1/2.	1.	2 ou 3.	[EXTRAIT DES RÈGLEMENS EN VIGUEUR.]
1	0,05	0,08	0,10	
2	0,10	0,16	0,20	
3	0,15	0,24	0,30	
4	0,20	0,32	0,40	
5	0,25	0,40	0,50	
6	0,30	0,48	0,60	
7	0,35	0,56	0,70	
8	0,40	0,64	0,80	
9	0,45	0,72	0,90	
10	0,50	0,80	1,00	
11	0,55	0,88	1,10	
12	0,60	0,96	1,20	
13	0,65	1,04	1,30	
14	0,70	1,12	1,40	
15	0,75	1,20	1,50	
16	0,80	1,28	1,60	
17	0,85	1,36	1,70	
18	0,90	1,44	1,80	
19	0,95	1,52	1,90	
20	1,00	1,60	2,00	
21	1,05	1,68	2,10	
22	1,10	1,76	2,20	
23	1,15	1,84	2,30	
24	1,20	1,92	2,40	
25	1,25	2,00	2,50	
26	1,30	2,08	2,60	
27	1,35	2,16	2,70	
28	1,40	2,24	2,80	
29	1,45	2,32	2,90	
30	1,50	2,40	3,00	
31	1,55	2,48	3,10	
90	4,50	7,20	9,00	
91	4,55	7,28	9,10	
92	4,60	7,36	9,20	
GARDE ROYALE ET ARMES SPÉCIALES.				
Par jour.	0,08	0,12	0,15	

RÈGLES D'ADMISSION AUX DIFFÉRENTES CLASSES DE CHEVRONS.

[EXTRAIT DES RÈGLEMENS EN VIGUEUR.]

Les chevrons attribués aux sous-officiers et soldats sont acquis, savoir :
Le demi-chevron à six ans révolus de service;
Le simple chevron à huit ans;
Le double chevron à douze ans;
Le triple chevron à seize ans.

Nota. Les appelés et les engagés volontaires, incorporés en vertu de lois antérieures à celle du 9 juin 1824, sont les seuls qui aient le droit de porter le demi-chevron.

Lorsqu'il s'agit de déterminer les droits des sous-officiers et soldats à la haute-paie journalière, le temps fait par les militaires appelés, ou par leurs remplaçans, doit être calculé à partir du 1er janvier de l'année où ils ont été immatriculés comme jeunes soldats, et celui fait par les engagés volontaires à partir du jour de l'engagement. Il est en outre tenu compte aux appelés et aux engagés volontaires, servant en personne, du service actif qu'ils peuvent avoir fait antérieurement à leur appel ou à leur engagement.

Les sous-officiers et soldats qui sont sous les drapeaux, en vertu de lois antérieures à celle du 10 mars 1818, comptent leur service à partir du jour de leur première incorporation.

On comprendra dans le calcul des services le temps des semestres et permissions, et en conséquence celui passé hors des drapeaux, en 1814 et en 1815, par les sous-officiers et soldats désertés ou licenciés, auxquels les ordonnances des 15 mai 1814 et 23 mars 1815 sont applicables : ces sous-officiers et soldats ayant dû, jusqu'au jour de leur rentrée dans les rangs, être considérés comme étant en congé illimité. Quant aux absences non régulièrement autorisées, qu'auraient faites des sous-officiers et soldats, depuis la réorganisation générale des troupes de terre effectuée en 1815, il n'en sera jamais tenu compte dans le calcul des services à faire pour l'allocation de la haute-paie, et le temps de service, pour les retardataires, ne courra que du jour de leur incorporation.

Le temps passé en état de détention doit être déduit des services donnant droit à la haute-paie.

Les hommes qui ont été reçus sous les drapeaux depuis la loi du 10 mars 1818, ne peuvent faire compter leurs services que du jour où ils ont eu dix-huit ans accomplis.

Les hommes admis antérieurement à cette loi peuvent faire compter leur temps de service depuis l'âge de seize ans révolus.

Les militaires ayant servi dans la marine sont admis à compter ces services pour la haute-paie journalière, lorsque leur passage dans l'armée de terre a eu lieu par l'effet d'un acte indépendant de leur volonté, tel qu'une mesure d'organisation générale, ou un ordre du gouvernement, soit collectif, soit individuel.

Les services comme marin, ou comme ouvrier classé, ne comptent que de l'âge de dix-huit ans, et seulement pour le temps passé sur les vaisseaux, ou dans les chantiers ou arsenaux de l'état.

Les hommes qui, ayant servi, sont reçus et incorporés comme remplaçans, ne peuvent point, pour établir leurs droits à la haute-paie, faire valoir leurs anciens services.

Toutefois, quand un remplaçant, après avoir fait le temps spécifié dans l'acte de remplacement, se détermine à se rengager pour son propre compte, il peut faire valoir ses services antérieurs, à quelque titre que ce soit, pour la fixation de sa haute-paie journalière.

Les remplaçans ne peuvent, en aucun cas, faire valoir pour la haute-paie journalière le temps que les remplacés avaient passé sous les drapeaux.

Tout homme (musicien, maître-ouvrier, etc.), qui sert comme gagiste, ne peut être admis à la haute-paie journalière s'il ne contracte un engagement volontaire de huit ans devant un officier de l'état civil. A l'expiration de ce temps, pour que la haute-paie lui soit continuée, il devra contracter un rengagement, et successivement.

Les hommes liés au service pour huit ans, antérieurement à la loi du 9 juin 1824, ont droit, s'ils se rengagent, au demi-chevron et à la haute-paie journalière, dès l'expiration de la sixième année de service; et s'ils ne se rengagent pas, à compter seulement du 1er janvier de l'année suivante.

De même, les militaires non rengagés qui atteignent huit ou douze ans de service, ne commencent à toucher un ou deux chevrons que le 1er janvier suivant. S'ils sont rengagés, ils touchent cette haute-paie à l'expiration de leur huitième ou de leur douzième année.

Nº 11. — HAUTES-PAIES acquittables à l'avance.

DURÉE des RENGAGEMENS.	SOLDATS et CAPORAUX.	S.-OFFICIERS.
INFANTERIE DE LIGNE ET LÉGÈRE.		
Pour un rengagement de 2 ans. .	22 f.	60 f.
Pour un rengagement de 4 ans. .	44	120
GARDE ROYALE ET ARMES SPÉCIALES.		
Pour un rengagement de 2 ans. .	37	74
Pour un rengagement de 4 ans. .	74	148

DISPOSITIONS PRINCIPALES
DES ORDONNANCES ET RÈGLEMENS EN VIGUEUR.

CONDITIONS DES RENGAGEMENS.

Les rengagemens sont de deux ou de quatre ans.

Pour être admis à contracter un rengagement, il faut, 1º être reconnu propre à faire encore un bon service; 2º avoir servi deux ans; 3º un sous-officier ou soldat, déjà rengagé, ne peut souscrire un nouveau rengagement qu'après avoir accompli la moitié du précédent.

Les rengagemens par anticipation ne peuvent avoir lieu que pour les corps dont les rengagés font partie. Cette règle souffre une exception dans le cas de la mise à exécution de l'ordonnance du 7 juin 1820 et de l'instruction du 25 novembre même année, sur le recrutement de la Garde royale.

MM. les sous-intendans militaires ne peuvent, sans une autorisation spéciale de S. Ex. le ministre de la guerre, recevoir les rengagemens qui porteraient les rengagés au-delà de 30 ans de service ou de 40 ans d'âge.

RÈGLES D'ALLOCATION DE LA HAUTE-PAIE ACQUITTABLE A L'AVANCE.

On ne doit plus faire entrer le service accompli dans le calcul de la portion de la haute-paie acquittable à l'avance; on doit avoir égard seulement: 1º à la durée du rengagement stipulé; 2º au grade du rengagé; 3º à l'arme pour laquelle le rengagement est contracté.

Lorsque par l'effet des rengagemens ou des désignations, un sous-officier ou soldat change de corps, l'arme d'après laquelle sa haute-paie doit être établie n'est point celle dont il fait partie au moment du rengagement ou de la désignation, mais bien l'arme pour laquelle il se rengage ou est désigné.

Néanmoins un sous-officier de la ligne qui se rengage pour la garde royale, où il n'est admis que comme simple soldat, reçoit la haute-paie acquittable à l'avance sur le pied fixé pour son grade dans son ancien corps.

Les militaires de la ligne désignés pour passer dans la garde royale, qui souscrivent, non un rengagement, mais un simple engagement de quelques mois pour accomplir dans la garde les quatre ans de service exigés, n'ont pas droit à la haute-paie acquittable à l'avance, attendu qu'il n'y a lieu d'allouer cette haute-paie qu'à celui qui consent à prolonger son service de deux ans au moins.

En principe, la haute-paie acquittable à l'avance doit être soldée au moment même du rengagement.

Toutefois, lorsqu'un simple soldat se rengage par anticipation, cette dite portion ne lui est comptée qu'après la revue d'inspection qui précède immédiatement le jour où la durée de son rengagement commencera à courir.

Il n'y aura lieu à aucun rappel de la portion acquittable à l'avance en faveur d'un caporal qui, dans l'intervalle d'un rengagement à un autre, aurait été promu à un grade de sous-officier. On doit avoir uniquement égard, sous le rapport du grade, à la position où l'homme se trouve au jour où il se rengage.

Les musiciens et maîtres tailleur et cordonnier, déjà liés au service, ont droit, lorsqu'ils se rengagent, à la portion de haute-paie acquittable à l'avance comme les simples soldats.

Les maîtres armuriers sont traités, sous ce rapport, comme les sous-officiers.

Indépendamment des avantages ci-dessus spécifiés, l'intention de S. M. est qu'il soit accordé des congés de trois mois à tous les nouveaux rengagés qui en demanderont. Les sous-officiers et soldats qui auront reçu ces congés, seront traités pour la solde comme le sont les semestriers.

Les congés de trois mois peuvent, sur l'autorisation de l'officier général inspecteur ou commandant, être délivrés avant que le rengagement soit signé. Mais un congé à l'avance ne sera accordé qu'une seule fois au même homme.

Nº 12. — SUPPLÉMENS à la solde de route des sous-officiers et soldats, pour les distances d'étapes parcourues en un jour en sus de la première.

DÉSIGNATION DES GRADES.	SUPPLÉMENT à la solde de route pour les distances d'étapes parcourues en un jour en sus de la première. Par distance.	OBSERVATIONS.
Adjudant sous-officier.	0 f. 37 c. 5	
Sergent-major, Tambour-major.	0 25 »	
Sergent, Fourrier, Maître-armurier.	0 25 »	
Caporal, Caporal-tambour, Musicien.	0 20 »	
Soldat, Tambour, Maîtres tailleur et cordonnier, Enfans de troupe.	0 15 »	

Nº 13. — Première mise de petit équipement, habillement de condamnés aux travaux publics ou au boulet, masse d'entretien de l'habillement et abonnement pour l'entretien et réparation des armes portatives.

INFANTERIE DE LIGNE.		PREMIÈRE mise d'habillement des hommes condamnés aux travaux publics ou au boulet.	MASSE D'ENTRETIEN de l'habillement par homme (a).		ENTRETIEN des armes portatives.		OBSERVATIONS.
Première mise de petit équipement.	Supplément de première mise aux hommes passant de la cavalerie dans l'infanterie.		Par an.	Par jour.	Par fusil.	Par sabre.	
40 f.	26 f. 33 c.	58 f.	4 f.	0 f. 01.095	1 f. 20 c.	0 f. 20 c.	(a) Le décompte de la masse d'entretien est établi d'après le nombre de journées constaté par les revues.

N° 14. — TARIF du traitement des membres de la Légiou-d'Honneur, déduction faite des deux pour cent qui doivent être retenus pour les invalides.

JOURS.	SOMMES.				OBSERVATIONS.
	LÉGIONNAIRES.	OFFICIERS.	COMMANDANS.	GRANDS-OFFIC.	
1	0,68	2,72	5,44	13,61	
2	1,36	5,44	10,89	27,22	
3	2,04	8,17	16,33	40,83	
4	2,72	10,89	21,78	54,44	
5	3,40	13,61	27,22	68,06	
6	4,08	16,33	32,67	81,67	
7	4,76	19,06	38,11	95,28	
8	5,44	21,78	43,56	108,89	
9	6,12	24,50	49,00	122,50	
10	6,81	27,22	54,44	136,11	
11	7,49	29,94	59,89	149,72	
12	8,17	32,67	65,33	163,33	
13	8,85	35,39	70,78	176,94	
14	9,53	38,11	76,22	190,56	
15	10,21	40,83	81,67	204,17	
16	10,89	43,56	87,11	217,78	
17	11,57	46,28	92,56	231,39	
18	12,25	49,00	98,00	245,00	
19	12,93	51,72	103,44	258,61	
20	13,61	54,44	108,89	272,22	
21	14,29	57,17	114,33	285,83	
22	14,97	59,89	119,78	299,44	
23	15,65	62,61	125,22	313,06	
24	16,33	65,33	130,67	326,67	
25	17,01	68,06	136,11	340,28	
26	17,69	70,78	141,56	353,89	
27	18,37	73,50	147,00	367,50	
28	19,06	76,22	152,44	381,11	
29	19,74	78,94	157,89	394,72	
MOIS.					
1	20,42	81,67	163,33	408,33	
2	40,83	163,33	326,67	816,67	
3	61,25	245,00	490,00	1225,00	
4	81,67	326,67	653,33	1633,33	
5	102,08	408,33	816,67	2041,67	
6	122,50	490,00	980,00	2450,00	
7	142,92	571,67	1143,33	2858,33	
8	163,33	653,33	1306,67	3266,67	
9	183,75	735,00	1470,00	3675,00	
10	204,17	816,67	1633,33	4083,33	
11	224,58	898,33	1796,67	4491,67	
12	245,00	980,00	1960,00	4900,00	

TRAITEMENT INTÉGRAL PAR AN.

Légionnaire. . . . . 250 fr.
Officier. 1000
Commandant. 2000
Grand-officier. 5000

Nota. Dans le tarif ci-contre les mois sont considérés comme composés de 30 jours, et l'année entière comme composée de 360 jours.

Au lieu de 68 c. 1/18 pour un jour de légionnaire, on n'a porté que 68 c., parce que la fraction 1/18 n'égale pas un demi-centime.

De même, on a porté pour dix jours 6 fr. 81 c. au lieu de 6 fr. 80 c. 10/18, parce que la fraction 10/18 surpasse un demi-centime, ainsi du reste.

N° 15. — TARIF du prix moyen des fournitures de caserne, pour servir au paiement des pertes.

DÉSIGNATION des EFFETS.	PRIX des EFFETS.
FOURNITURE D'OFFICIER (ancien modèle).	
Colonne ou montant..	1,50
Panneau.	1,00
Traverse.	1,00
Pan.	2,00
Barre du milieu.	1,00
Goberge.	0,30
Clef.	0,20
Rideaux (la paire)..	26,00
Paillasse.	5,50
Toile d'un matelas..	7,00
Kilogramme de laine.	3,00
Kilogramme de crin.	3,50
Coutil de traversin.	3,00
Couverture.	24,00
Un drap.	10,00
Armoire ou commode.	20,00
Table.	4,00
Chaise.	2,00
Fauteuil.	2,50
Pot à eau.	0,60
Cuvette..	0,60
Pot de nuit.	0,50
Gobelet.	0,30
Chenets ou moterets (la paire).	3,00
Pelle à feu ou pincette (chacune).	1,50
Soufflet.	1,50
Chandelier.	1,00
Mouchettes.	0,60
Miroir..	2,00
Porte-manteau.	0,50
Une serviette.	1,50
LIT DE SOLDAT ET DEMI-FOURNITURE (ancien modèle).	
Colonne.	1,00
Traverse.	1,00

DÉSIGNATION des EFFETS.	PRIX des EFFETS.
Pan.	1,50
Barre du milieu.	0,50
Goberge de 4 pouces de largeur et au-dessus.	0,30
Goberge au-dessous de 4 pouces.	0,15
Clef.	0,10
Toile à paillasse.	5,00
Toile à matelas.	6,00
Kilogramme de laine.	2,50
Kilogramme de crin.	3,50
Toile à traversin.	2,00
Sac à paille.	1,00
Drap.	8,00
Couverture.	24,00
FOURNITURE D'OFFICIER (lit de fer, nouveau modèle).	
Rideaux (la paire).	32,00
Anneau ou flèche en bois bronzé.	3,40
Sommier confectionné.	7,10
Toile de sommier.	6,80
Toile d'un matelas..	8,60
Kilogramme de laine..	3,70
Kilogramme de crin..	4,30
Coutil du traversin.	3,70
Kilogramme de plume d'oie.	5,10
Couverture..	29,50
Un drap.	12,30
Armoire ou commode.	24,60
Table.	4,90
Chaise..	2,45
Fauteuil.	3,10
Pot à eau.	0,70
Cuvette..	0,70
Pot de chambre en faïence.	0,60
Gobelet.	0,35
Chenets ou moterets (la paire)..	3,70
Pelle à feu ou pincette (chacune)..	1,85

Suite du n° 15. — TARIF du prix moyen des fournitures de caserne, etc.

DÉSIGNATION des EFFETS.	PRIX des EFFETS.	DÉSIGNATION des EFFETS.	PRIX des EFFETS.
Soufflet.	1,85	Un tisonnier, une pelle ou pincette.	1,00
Chandelier.	1,20	Chaque bout de tuyau.	1,00
Mouchettes.	0,70	Un chandelier en fer.	0,60
Miroir.	2,45	Une paire de mouchettes.	0,60
Porte-manteau.	0,60	Un encrier en plomb.	0,60
Une Serviette.	1,85	Pôt à eau ou sa cuvette.	0,60
		Un verre.	0,15
LIT DE SOLDAT (en fer et demi-fourniture, nouveau modèle).		MOBILIER DU CORPS-DE-GARDE DE SOLDAT.	
Sommier confectionné.	5,10	Un poêle.	15,00
Toile à paillasse.	3,10	Chaque bout de tuyau.	1,00
Toile à matelas.	3,70	Un chandelier en fer.	0,60
Kilogramme de laine.	2,50	Une paire de mouchettes.	0,60
Kilogramme de crin.	3,50	Un falot de ronde.	6,00
Toile à traversin.	1,10	Un bidon.	4,00
Sac à paille ou traversin de demi-fourniture.	0,55	Une brouette.	8,00
Un drap.	5,50	Un brancard.	3,00
Couverture.	20,00	Une boîte de ronde.	2,00
Couvre-pied.	3,00	Chaque marron de ronde.	0,05
Capote de sentinelle.	18,00	Un chevalet.	2,00
		Une hache.	3,00
MOBILIER DU CORPS-DE-GARDE D'OFFICIER.		Son manche.	0,50
Un fauteuil à bascule.	60,00	Une scie.	4,00
La couverture à renouveler.	12,00	Une pelle ronde en fer.	2,00
Une chaise garnie en paille.	2,00	Son manche.	0,25
Un poêle.	15,00	Un arrosoir.	1,00

Nota. Lorsqu'il est survenu du fait de la troupe des dégradations dans les fournitures, l'évaluation en est faite de gré à gré entre l'officier chargé du casernement et le préposé de l'entrepreneur, ou par trois experts nommés, les deux premiers par les parties, et le troisième par le maire de la commune sur l'invitation du sous-intendant militaire ; les frais de l'expertise doivent être supportés par celle des deux parties dont la prétention aura été jugée mal fondée.

(*Extrait* du *Traité de la compagnie Vallée,* du 5 mars 1822, et de la transaction du 12 mai 1826.)

FIN.

TABLE DES MATIÈRES.

FIN DE LA TABLE DES MATIÈRES.

www.ingramcontent.com/pod-product-compliance
Lightning Source LLC
LaVergne TN
LVHW021646170726
843501LV00007B/2428